JN439005

여가생활과 스포츠

여가생활과 스포츠

찍은날 / 2006년 3월 2일 1판 1쇄
펴낸날 / 2006년 3월 6일 1판 1쇄

지은이 / 안현상 · 왕석우 · 이재선 · 이천호
주정호 · 채창훈 · 김민석 · 조영웅
펴낸이 / 정길생
펴낸곳 / 건국대학교 출판부
등록 / 제 4-3 호(1971. 6. 21)
주소 / 143-701, 서울시 광진구 화양동 1번지
전화 / (02) 450-3891~3
팩스 / (02) 457-7202
홈페이지 / http://press.konkuk.ac.kr
e-mail / press@konkuk.ac.kr

책임편집 / 박명희
찍은곳 / 동화인쇄공사

정가 / 10,000원

ⓒ 안현상 외, 2006
ISBN 89-7107-436-1 03690
• 저자와 협의하여 인지 첨부를 생략합니다.
• 잘못된 책은 바꾸어 드립니다.

이 도서의 국립중앙도서관 출판시도서목록(CIP)은 e-CIP 홈페이지(http://www.nl.go.kr/cip.php)에서 이용하실 수 있습니다.(CIP 제어번호: CIP2006000438)

공저 안현상 · 왕석우 · 이재선 · 이천호
주정호 · 채창훈 · 김민석 · 조영웅

건국대학교 출판부

머리말

우리 사회에서 여가를 즐기기 위한 적당한 놀거리가 없다는 말을 종종 듣게 된다. 이는 사실 소재가 없다기보다는 여가를 선용할 수 있는 수단과 방법에 대한 대안 즉, 여가교육이 부족한 것이라 생각이 든다.

여가교육이 정착되지 못한 사회적 분위기에서 레크리에이션이나 놀이에 대한 일반인들의 인식은 그저 공허한 시간을 메우고 즐기는 수단에 불과하며 생산활동에 도움이 되지 않는 가치 없는 행위로 간주되기도 하였다.

현재 우리는 전통적인 노동위주의 사회를 탈피하여 국민 누구에게나 여가의 양적 분배가 동등하게 이루어지는 대중여가시대를 맞이하고 있다. 이제 여가는 내일의 활동을 위한 재충전의 기회와 삶의 질을 향상시키는 수단으로 받아들여지고 있다.

또한 현대사회에 살고 있는 우리는 의학의 발달과 과학기술의 급격한 발달로 수명이 연장되어 고령화 사회에 살고 있다. 하지만 현대사회에 적응하기 위한 스트레스와 환경오염, 불규칙한 식생활, 기계화와 자동화로 인한 신체활동 부족 등은 간혹 신체적 · 정신적 · 사회적으로 불안정한 삶을 취하면서 고령화를 맞이하고 있는 경우가 종종 발생한다. 이러한 사회적 변화 속에 체육, 즉 신체활동은 새로운 의의와 가치를 가지게 되었으며, 건강을 유지하기 위한 방안으로서 다양한 스포츠활동은 사회적으로 각광을 받고 있다.

운동과 스포츠의 역할은 창조적 사고와 강인한 체력, 건강한 시민으로서의 생활을 영위하는 데 크게 공헌하고 있다는 것은 주지의 사실이며, 근래에 활성화되고 있는 웰빙(well-being) 열풍에 밑거름이 되고 있다.

하지만 많은 사람들이 규칙적인 신체활동의 중요성에 대해서 인지하고 있음에도 불구하고 시간적 · 경제적 · 방법론적 · 환경적 여건 등의 이유를 들어 자신을 돌보는 데 소홀히 하고 있다.

이에 본 서는 현대인들이 올바른 여가선용을 할 수 있도록 좋은 방향을 제시하고, 건강한 생활을 할 수 있도록 하는 데 조금이나마 도움을 주고자 한다.

2006년 2월

저 자

차 례

여가생활과 스포츠

제1장

여 가 와 스 포 츠

제1장 여가와 스포츠

1. 여가란 무엇인가?

1) 여가의 어원과 개념

여가의 어원은 많은 연구에서 언급되었는데, 이러한 여가의 어원을 정리하여 살펴보면 다음과 같다.

여가(leisure)의 어원은 그리스어의 'schole'에서 살펴볼 수 있는데, 이것은 '중지, 정지, 평온, 평화, 조용함' 등의 의미를 가지며, 어떤 경우에는 '남는 시간'(spare time) 혹은 '자유시간'(free time)을 의미하였고, 학교(school) 혹은 학자(scholar)의 의미를 가졌으며, 때로는 학자들의 토론을 위한 장소를 뜻하기도 하였다. 이는 '학문, 철학, 명상' 등과 같은 문화적·창조적 활동과 관계되며, 자기개발을 위한 적극적 의미를 내포하고 있다. 다음으로 라틴어인 'licere'에서 그 어원을 찾아볼 수 있는데, 'licere'의 의미는 '자유스러워지다'(to be free), '허락된다'(to be permitted), '배운다'라는 뜻으로 노동과 대비적 관계에 있으며, 하등의 구속을 받지 않는 자유로운 시간이며, 우리가 흔히 쓰는 말로서 '틈', '겨를'이라고 한다. 로마어로서는 'otium'이 있는데 이는 아무것도 하지 않는 것(doing nothing)을 의미하며 소극적인 무위활동 상태라고 볼 수 있다. 독일어로는 'Freizeit'가 있는데 이는 노동에서 해방된(frei) 시간(Zeit), 곧 노동하지 않는 자유시간, 여가(Freizeit)로 개념화된 것으로 보이며, 프랑스어인 'losir'는 '허락되다', '자유스러워지다'라는 뜻을 지닌 'license'의 어원이 되었다. 그리고 'leisure'에 해당하는 말로서 우리가 사용하는 '여가'를 살펴볼 필요가 있는데, 이는 일본에서 쓰이는 용어로 그 유래는 중국『후한서』에 나오는 "閑暇"(한가) 또는 "閒暇"(한가)라는 구절로부터 왔다. 이 속뜻은 우리말로 '겨를' 또는 '틈'으로, 말하자면 'spare time'이라는 의미를 지닌다. 그러나 현재 우리 학계에서는 여가와 레저의 뚜렷한 용어가 정의되어 있지 못하며 일부 연구에서는 그냥 'leisure'로서 적극적인 여가 개념을 구분하고 있긴 하나, 그 보편성은 아직 충분히 확보되지 못하고 있다.

개념은 학자에 따라 다소 차이를 보이지만, 대체적으로 시간적 개념, 활동적 개념, 상태적 개념, 제도적 개념, 수단론적 개념, 포괄적 개념 등으로 각각 구분하여 살펴보고 있다.

이러한 개념들을 살펴보면, 첫째, 여가의 시간적 개념은 여가를 일에서 벗어난 시간, 자유로운 시간, 자기가 좋아하는 시간 그리고 휴식 등이라고 그 개념을 설명하는 것으로, 노동・수면과 아울러 기타 필요한 활동으로부터 벗어난 자유시간에 관련되어 있는 것을 말한다. 즉, 이러한 시간적 개념의 여가는 하루 24시간 가운데 수면 및 음식물 취식 등 기본적인 생존을 위해 보내는 생존시간과 일터에서 생계를 위해 보내는 생계시간을 제외한 자유시간의 개념으로 보는 경우인데, 이러한 견해의 여가는 여가의 질적인 성격을 시간으로 도식화시키는 오류를 범할 수 있으며, 여가행위 주체자에 있어 자유로운 시간이라 해도 심리적으로 불안하거나, 열정적이고 창조적인 시간이 아니라면 그것은 진정한 의미의 자유시간으로 볼 수 없는 것이므로, 활동적 개념이나 상태적 개념의 보완을 필요로 한다.

둘째, 여가의 활동적 개념으로 여가를 개인이 직장이나 가정・사회적 의무에서 벗어난 자유로운 시간에 휴식・기분전환 또는 지식의 확대, 자발적인 사회참여, 자유로운 창조력을 발휘하기 위해 행해지는 활동의 총체라고 정의할 수 있다. 즉 여가의 활동적 개념은 시간적 개념의 여가에 포함되는 모든 활동을 포함한다.

하지만, 이러한 활동적 개념의 여가는 사람들이 어떤 활동에 어느 정도나 빈번히 참여하였는지, 또는 참여자들의 사회경제적 변인간에는 어떤 관계가 있는지를 규명하는 데 쉽게 계량화할 수 있으나, 여가의 객관성을 중시한 여가의 활동적 개념의 정의는 시간적 개념과 마찬가지로 여가의 주관적 상태, 경험의 질이 고려되지 않아 문제점들이 지적되기도 하였다.

셋째로 여가의 상태적 개념을 살펴보면, 이는 자유시간과 여가는 동일한 개념이 아니며, 자유시간에 행해지는 활동 모두가 여가가 아니며, 여가는 여가를 참여하고 있는 사람의 마음 상태에 따라 다르다는 것이다. 결국 여가의 상태적 개념은 자유시간에 행해지는 활동이지만, 그 활동은 반드시 개인이 주어진 환경과의 최적의 상호작용을 할 때 발생되며, 그 조건으로 속박으로부터 자유로워야 하고 추구하는 활동은 자발적 선택이어야 한다는 것이다.

하지만, 이러한 여가의 상태적 개념은 여가행위 주체자의 마음 상태를 관찰 및 계량화하는 데 많은 어려움이 있어 실용적이지 못한 단점이 있다.

넷째는 제도적인 개념으로, 이는 여가를 하나의 제도로서 보는 것으로 여가에 대한 제도적 정의로 여가의 본질을 노동, 결혼, 교육, 정치, 경제 등 사회제도의 상태나 가치패턴과의 관련성을 검토하여 그 의미를 규정하고자 하는 것으로, 여가는 노동과의 관계에 있어서 중요한 의미

를 지니고 있는데, 이는 여가와 노동과의 관계가 대립의 관계에 있지만, 이는 확산과 보상의 관계와 같은 상호 밀접한 관계가 있음을 보여준다.

다섯째로는 수단론적 개념의 여가를 살펴보도록 하겠다. 이는 여가를 하나의 도구로서 보는 개념으로 사회도구 및 치료적 개념이라고도 하며, 사회적으로 빈곤하고 건강이 좋지 않은 사람이나 생활 능력이 없는 사람들에게 스스로 생존을 위한 기술을 습득케 하거나 사회활동에 참여할 수 있도록 사회 전체가 기구를 통하여 제공하는 하나의 치료적 수단으로 보는 개념과 여가를 노동과 관련하여 노동으로 인한 피로를 풀어주고 재생산을 가능하게 해주는 도구로 보는 개념, 여가를 적절한 심리치료의 수단으로 쓰기도 하고, 비행 청소년의 선도대책으로 혹은 노년층의 심리적 치료수단으로 쓰는 것을 의미한다.

마지막으로는 여가의 포괄적 개념인데 이는 현대와 같이 복잡한 사회는 여가의 개념을 어느 하나의 개념으로 치우쳐서 생각할 수 없고, 포괄적으로 각각의 개념을 적절히 포함하여 복합적 속성을 갖춰야 한다는 것으로 즉, 시간적 개념, 활동적 개념, 상태적 개념, 제도적 개념, 수단론적 개념 등이 서로 적절하게 포함되어 있는 것으로 보는 개념이다.

위와 같이 여가의 개념은 많은 학자들에 의해 정의 내려졌으며, 이를 정리하면 다음과 같다.

첫째, 여가를 기본적인 생존시간과 생계를 위해 보내는 생계시간을 제외한 자유시간으로 보는 시간적 견해

둘째, 여가를 자유시간에 발생하는 활동의 총체로 보는 활동적 견해

셋째, 여가를 마음의 상태에 의해 결정된다고 보는 상태적 견해

넷째, 여가를 하나의 제도로서 보는 제도적 견해

다섯째, 여가를 하나의 수단으로 보는 수단적 견해

여섯째, 여가는 모든 속성을 포함하여야 한다는 포괄적 견해로 볼 수 있다.

2) 여가의 기능

여가의 기능에는 여가를 통해서 긍정적인 효과를 주는 순기능과 여가의 오용으로 인한 병폐를 만들어 내는 역기능이 있다. 여가의 순기능에는 생리적 기능, 심리적 기능, 교육적 기능, 사회적 기능(통합과 문제해결), 문화적 기능, 자아실현적 기능, 경제적 기능이 있고, 역기능으로는 획일적 기능, 모방적 기능, 위장화 기능, 무감각화 기능, 향락화 기능이 있다.

(1) 여가의 순기능

여가의 순기능에는 생리적 · 심리적 · 교육적 · 사회적 · 문화적 · 자아실현적 · 경제적 기능이 있는데, 첫째, 생리적 기능에 대해 살펴보자. 현대사회는 복잡한 산업구조와 냉정한 조직적 집단체제, 단순한 기계적 노동의 연속으로 정신적 · 신체적 긴장을 축적시키게 되었고, 여가는 이러한 피로를 풀어주고 생명력을 순화시켜 다시 일할 수 있는 힘을 회복시키는 생리적 기능을 가지고 있다. 즉, 여가는 인간 신체의 평형적 건강유지에 적극적인 효험을 가지고 여러 가지 질병요인을 사전에 예방하는 역할을 담당한다.

둘째로 여가는 심리적 기능을 가지고 있다. 이는 스트레스에 많이 노출되어 있는 현대인들은 집단관계나 대인관계 속에서 쌓인 욕구불만, 갈등, 좌절감, 혹은 정서적 불안, 정신분열증 등을 경험하게 되는데, 여

가는 이러한 문제점들을 해소하고 정서적 안정을 가져다줄 수 있어 현대사회에서 더욱 중요시되고 있다.

셋째로 여가는 교육적 기능이 있다. 이는 여가를 통해 지적 능력을 향상시킬 수 있으며, 삶을 풍요롭게 할 수 있다는 것이며, 여가라는 것이 노동 또는 학습과 상반되는 것이 아니라 오히려 그것이 자연스럽게 이루어지도록 하는 기능을 한다는 것이다. 또한 인간의 사회화도 교육의 중요한 부분인데, 여가는 인간의 평생교육으로서 중요한 역할을 하며, 여가를 통해서 사회화를 얻을 수 있게 된다.

넷째로 여가는 사회적 기능을 가진다. 여가는 자연스러운 사회관계 속에서 자신의 위치를 자각하게 하고 사회적 역할을 배우게 하며, 조화적 태도와 기술을 익히게 하는 사회적 기능을 갖는다. 갈등과 적대감 등을 올바르게 배출하는 기능을 가짐으로써 사회문제를 사전에 해결할 수 있게 하며, 여가를 통해서 보다 폭넓은 사회적 접촉으로 사회구성원으로서 자신의 역할을 인식할 수 있다.

다섯째는 문화적 기능이다. 이는 여가활동 그 자체가 하나의 문화를 형성한다는 것이다. 여가문화는 사회질서를 통합시키는 형태가 있는가 하면, 반대로 타락형태도 있다. 여가의 오용도 역시 문화적으로 많은 흔적을 남겼는데, 이는 로마제국의 멸망에서 보듯이 탐욕・부패・비도덕성・야만스런 유희・권태・게으름 등으로 여가를 오용해 결국 많은 병폐를 초래하게 되었다.

여섯째는 자아실현적 기능이다. 여가는 상실된 인간성과 에너지를 회복시키기 위한 중요한 바탕이 된다. 즉, 여가활동을 통해서 자신이 몰랐던, 자신의 잠재된 능력을 새롭게 발견할 수 있는 귀중한 기회를 가지게 되며, 이를 통해서 개인적인 삶의 만족에 도달할 수 있게 된다.

일곱 번째는 경제적 기능이다. 인간은 생산자와 소비자로서의 경제적 역할을 하게 되는데, 인간의 여가활동은 생산과 소비를 향상시키는 기능을 가지게 된다. 특히, 여가활동은 소비증대를 유발해 경기부양을 가져오는 경우가 많아, 경기침체에 빠져 있는 국가에서는 여가활동 정책을 펴서, 국민들이 여가활동을 통해 소비를 증대시킴으로써 경기부양을 가져오게 하는 경우도 있다.

(2) 여가의 역기능

여가가 위에서 살펴보았듯이, 인간에게 순기능적인 면이 많이 있다. 하지만, 이러한 여가도 잘못 보내게 되면 인간을 해롭게 하는 역기능이 있게 되는데, 이는 크게 획일적 기능, 모방적 기능, 위장화 기능, 무감각화 기능, 향락화 기능으로 살펴볼 수 있다.

첫째, 여가의 획일적 기능이다. 이는 여가를 다수가 즐기는 여가만을 오히려 값지고 보람 있는 것으로 여기게 되어 궁극적으로 각자의 인간성 상실을 초래할 위험성을 내포하고 있는 것으로 현대사회에서 상업화와 매스미디어를 통한 특정 여가가 강요되면서 대중은 선택의 여지없이 획일적인 여가를 택할 수밖에 없게 되었다.

둘째, 모방적 기능이다. 현대의 여가는 유행심리에 따른 모방성이 작용하는 바, 이러한 유행심리 속에서 지성적인 사고보다 맹목적인 행동이 앞서게 된다. 이러한 풍조는 대중에게 전염되어 전사회적으로 파급·확산될 뿐 아니라, 대중문화에까지 중독현상을 미치게 된다.

셋째, 위장화 기능이다. 개인은 자기를 실제 이상으로 과시하거나 위

장시켜 다른 사람들에게 잘 보이고 그들의 인기를 차지해 보려는 심리가 있다. 또한 현재보다 높은 지위에서 자기를 나타내어 보이기 위하여 분수에 맞지 않은 사치와 낭비를 가져오게 하고, 소비성향을 자극하여 과소비를 가져오게 한다.

넷째, 무감각화 기능이다. 불건전하게 조직된 대중오락이나 여가의 그릇된 이용은 개인이나 사회의 의식을 불건전하게 하고 삶의 의욕을 상실시키는 결과를 가져오게 된다. 여가에 대한 맹목적인 추구로 인하여 정치적 · 사회적 문제에 대해 무감각화 현상을 조장하고 건전한 여가문화 발전을 저해하게 된다.

다섯째, 향락화 기능이다. 여가가 건전하게 행사되지 못하고 향락적 · 순간적 · 쾌락적인 방향으로 흐른다면 인간은 그 속에서 가치관을 찾지 못하고 혼돈에 빠지게 된다. 또한 여가활동을 통해서 영리추구에만 몰두한다면 사회적 · 도덕적 책임감이 결여될 뿐만 아니라 향락성을 극대화시키게 된다. 이러한 대중여가의 향락성은 매춘, 범죄, 퇴폐적 윤락, 청소년 비행 등 사회적 문제의 원인이 된다.

2. 주 5일 근무제와 여가생활

1) 주 5일 근무제

'주 5일제'란 현행 법정 근로시간이 주당 44시간인 것을 주당 40시간으로 줄여서 연간 근로시간을 2,497시간에서 2,000시간 이내로 줄이는 것을 말하고, 일주일에 8시간씩 5일 동안 일한다는 것을 '주 5일 근무제'라 한다.

근무시간 단축의 역사는 다음과 같다. 오래 전부터 노동자들은 인간답게 살 권리를 얻기 위해 싸워 왔다. 1백여 년 전 미국의 기업주들은 노동자들에게 형편없이 적은 월급만을 주면서도 하루 14~18시간의 노동을 강요했다.

굶주림과 과로에 견디다 못한 노동자들은 1886년 5월 1일 대대적인 파업을 강행했고, 이 때 많은 사람들이 경찰의 강제진압 중에 목숨을 잃게 되었다.

이 사건이 확산되어 전 세계적인 노동운동으로 이어졌고, 1890년에는 하루 노동시간을 8시간으로 제한하는 법을 만들기 위해 국제적 시위를 하게 되었다. 그 후로 전 세계가 매년 5월 1일을 노동절 또는 '메이데이'(Mayday)라고 부르며 기념하고 있다.

그 후 1930년 미국에서 처음으로 '주 5일 근무제'를 도입했고, 1936년에는 프랑스에서 법적으로 주 40시간으로 하는 '주 5일 근무제'를 도입하였다. 그 이후로도 많은 나라에서 '주 5일 근무제'를 시행하게 되었다.

우리나라에서도 자원도 기술도 없이 오직 값싼 노동력 하나만으로 경제를 부흥시켰던 1960~1970년대에는 노동자들이 하루 13시간 이상의 노동을 해야만 했었다. 그러나 나라의 형편이 나아지자 노동조건 개선에 대한 노동자들의 요구가 거세졌고, 1953년에 법으로 제정한 주당 48시간에서 1989년에는 주당 44시간으로 줄였고, 2004년 이후로 주 5일 근무제를 차츰 확대해 나가기로 했다.

기획예산처(2000)에 따르면 미국, 영국, 독일, 러시아, 칠레, 브라질, 태국, 몽골, 사우디아라비아 등 50여 국가가 '주 5일 근무제'를 실시하

고 있다고 한다. 이러한 주 5일 근무제를 시행하고 있는 몇몇 국가별로 '주 5일 근무제'도입 경향을 살펴보면, 프랑스는 1936년에 주 40시간제가 도입되었고, 이 때 연 2주의 유급휴가도 함께 도입되었고, 1958년에는 유급 휴가일수가 3주로, 1968년에는 4주로 늘었다고 한다. 1982년에는 노동시간이 주 39시간으로 단축되었고, 연간 유급휴가도 5주로 늘었으며, 주당 최대 노동시간을 48시간, 연간 최대 초과노동시간을 130시간 한도로 제한하는 조치도 포함되었다.

그 뒤 주로 노사 단체교섭으로 이루어지다가 90년대 다시 정부 차원의 노동시간 단축에 추진력이 붙었는데, 실업자가 크게 늘어나고 고용문제가 사회적으로 가장 큰 과제가 된 시기였다.

1996년에 노동시간 단축을 통해 고용을 창출한 기업에 재정지원을 한다는 것을 주요 내용으로 하는 '로비앙법'을 도입하였고, 1998년부터 1999년에 걸쳐 주 35시간법(일명 '오브리법')과 그 후속 법안이 확정되면서 2000년부터 주 35시간제가 실시되었다.

독일에서는 제1차 세계대전 후인 1918년 주당 48시간 노동제가 되었고, 제2차 세계대전 후에는 주로 초과근로의 축소와 유급휴가의 증가형태로 이루어졌다.

주 40시간 노동은 1967년에 되었고, 1962년에 연 18일(3주) 휴가가 보장되었다.

그러나 1974년 석유파동으로 경제사정이 악화되고, 실업자가 240만으로 늘어나면서 노조들은 실업문제 해결을 위해 주당 노동시간을 40시간에서 35시간으로 줄일 것을 요구하기 시작했다.

독일의 금속노조는 주 35시간 노동을 통한 일자리 나누기를 주장하면서 1978~1979년에 걸쳐 7주간에 걸친 대규모 파업을 하기도 하였다.

1980년대 들어 금속노조는 35시간제를 주장하였고, 교섭이 결렬되자 1984년 격렬한 파업을 벌였다. 결국 1985년 주당 근로시간을 38.5시간으로 하고 임금을 완전 보전하는 타협안이 체결되게 되었고, 1987년에는 주당 근로시간을 37.5시간으로 한 시간을 더 단축하였다.

1990년대 통일로 고용상황이 악화되자 노동시간 단축에 의한 일자리 나누기에 다시 관심이 모아졌고, 금속노조는 1990년 협약에서 '1993년부터 주 36시간, 1995년부터 주 35시간'으로 줄이기로 하였다.

일본을 살펴보면, 일본의 노동시간은 다른 주요 선진국에 비해 훨씬 길다. 일본의 법정노동시간은 1980년대 들어 변화를 맞게 되었다. 1980년대 들어 일본이 막대한 무역수지 흑자를 기록하자, 미국·유럽 등 외국과 심각한 무역마찰을 일으켰는데, 일본 노동자들의 낮은 생활수준(좁은 주택, 사회보장제도의 미흡)과 장시간 노동이 무역수지 흑자를 가져왔다는 비판이 해외에서 제기되었다. 그리고 많은 기업에서 심각한 노동력 부족을 겪으면서 노동자를 유인하기 위해 노동시간 단축을 적극적으로 실시하기 시작했다.

1987년 법정노동시간을 주당 48시간으로부터 40시간으로 단축하는 내용의 노동기준법을 개정하게 되었다. 법에는 법정노동시간은 물론, 초과 근로와 휴일근로를 억제하기 위하여 수당 인상 및 시간외근로 상한선 설정, 유급휴가제도 개선(연차 유급휴가 늘림) 등의 내용이 있으며, 1993년에는 이를 위한 '노동시간단축촉진에 관한 임시 조치법'을 제정하기도 하였다.

2) 여가증대와 사회문제

현대 사회는 경제체제가 단순대량 시스템에서 지식산업으로 전환되고 근로자들의 노동력보다는 지식의 정도가 기업경영에 핵심적 요소로 등장하는 디지털 경제체제이다.

이러한 체제에서는 장시간 노동이 오히려 기업의 활력을 저해할 수 있다. 때문에 '주 5일 근무제'나 '법정 근로시간단축'은 세계적 추세이다.

우리나라에서도 근로자의 건강을 보호한다는 차원과 디지털 경제로의 전환을 촉진한다는 측면에서 '주 5일 근무제'를 적극적인 자세로 수용하게 되었고, 이로 인해 여가의 증대는 필연적으로 이루어지게 되었다. 그러나 이러한 '주 5일 근무제'가 시행된다고 해서 모든 면에서 좋아진다고 볼 수 없다. 위에서도 살펴보았듯이, 여가의 증대로 인한 여러 가지 문제점도 발생할 수 있게 된다.

특히, 여가문제 중에 여가증대에 따른 중독자들이 증가하고 있다. 즉, 인터넷 중독, 도박 중독, 알코올 중독자 등이 늘어나고 있다. 김민석(2002)이 발표한 자료를 살펴보면, 서울에 거주하는 직장인 중 약 24% 정도가 알코올 중독으로 나타났고, 삼성경제연구소(2004)에서는 국내 직장인의 약 23%가 알코올 중독이며, 이로 인한 사회경제적 비용은 14조 5천억원이라고 발표하였다. 이는 곧 국민의 5명 중 1명은 알코올 문제로 치료를 받아야 한다는 것이며, 알코올 중독이라는 것이 반드시 직업도 없고 거리를 헤매는 거리 행인이 걸리는 것이 아니라는 것을 보여준다. 또한 알코올 문제로 인한 의료비, 재산피해액, 사고행정비용, 생산성 감소, 조기사망 손실 등이 증가하여 국가에 막대한 손실을 주고 있다. 이 같은 점들을 살펴보았을 때, 여가가 증대함에 따라 국민에 대한 여가교육이 제대로 이루어지지 않는 이상 평생유병율(평생 동안 한 번 병에 걸리는 비율)은 계속 높아질 것으로 보이며, 알코올 중독으로 인한 사회경제적 비용도 더욱 늘어날 것으로 보인다.

이러한 중독현상들은 여가를 잘못 보내면서 생긴다고 볼 수 있다. 각각의 개인들은 올바르고 건전한 여가활동을 통해 중독에 빠져들지 않도록 해야 할 것이며, 사회조직이나 정부도 단순히 여가만 늘려놓고 방치할 것이 아니고 여가관련 전문가들과 함께 적극적인 여가대책과 정책을 만들어 홍보하고, 모든 국민이 삶의 질과 보람을 느낄 수 있도록, 적극적인 자세를 보여야 한다. 인류의 문명의 위기 가운데 여가의 위기도 포함된다. 국민들이 선호하는 여가에 대해 좋은 프로그램 개발, 시설개발, 여가의식교육 등, 국민의 건강과 정신적 삶에 대해서 보다 효과적인 여가정책을 수립하여 여가가 위기가 아닌 기회와 생활의 질을 높이는 문화로 승화될 수 있도록 노력해야만 한다.

3. 레저스포츠

오늘날 현대사회는 급속한 산업발달의 결과로 인한 기계화 및 자동화로 인해 노동력의 필요성을 상실해 가고 있으며, 상대적인 결과로서 여가시간의 증대를 초래하고 있다. 또한 근무시간의 감소와 주 5일 근무제 및 수업제의 도입으로 인해 여가시간은 점차 증가할 것으로 기대되고 있다.

그러나 자동차로 인한 운동부족과 TV시청, 컴퓨터 게임 등과 같은 정적인 여가활용 방식은 학교 체육시간의 감소와 함께 신체활동을 점차

감소시켜 건강은 물론, 현대인의 정서를 메마르게 하고, 인간성을 상실케 할 뿐만 아니라, 여가시간의 오용을 초래하여 적지 않은 사회문제를 방출할 것으로 예상되고 있다. 이러한 시점에서 여가시간에 대한 올바른 개념정립 및 대처방안은 개인은 물론 사회적으로 매우 중요한 과제라고 할 수 있다. 즉, 여가시간의 활용은 개인의 성공과 실패, 나아가 한 국가의 장래를 결정짓는 중대한 영역이라고 해도 과언이 아닐 것이다.

이에 본 장에서는 개인의 심신을 건강하게 하고 삶의 질을 향상시키는 여가선용의 대표적인 활동으로서의 레저스포츠에 대한 개념을 소개하고자 한다.

1) 레저스포츠의 개념

레저스포츠라는 것은 개인의 심신을 건강하게 하고 삶의 질을 향상시키는 여가선용의 대표적인 활동으로 흔히 레저스포츠를 줄여 레포츠라는 용어도 쓰고 있으며, 이러한 레저스포츠의 개념을 김기윤(2000)은 레포츠라는 것을 레저와 스포츠가 합성된 신조어라고 하였으며, 레포츠 활동은 즐거움과 재미, 흥미를 가지고 자발적으로 참여하는 스포츠활동 전반을 의미한다고 하였으며, 김경렬(2000)은 레저스포츠를 레저활동의 여러 가지 유형 중 스포츠를 통한 레저활동이라고 하였으며, 레저스포츠는 여가시간의 올바른 선용을 위해 행하여지는 레크리에이션 활동의 한 가지로서 신체활동을 통하여 개인의 건강 증진 및 행복추구, 그리고 삶의 보람을 찾을 수 있는 사회적 수단이라고 정의할 수 있으며, 레저스포츠의 유형은 활동대상이나 활동장소에 따라 다양하게 분류되어질 수 있다고 하였다.

또한 오근희(2000)는 레저스포츠를 생활체육 · 사회체육 · 평생체육 등을 통합하는 개념으로서 개인의 건강증진 및 행복 추구 등 삶의 질을 향상시키기 위하여 스포츠 활동을 매개체로 하는 여가활동의 한 분야라고 하였으며, 김덕천(1999)도 레저스포츠를 생활체육 · 사회체육 · 생애체육 등으로 불리어 왔던 용어를 통합적 차원에서 규정화하고, 레저스포츠는 생애의 어느 한 시기에 국한하여 체력을 증진시키는 수단적인 단편적 활동이 아니라 생애의 전 주기에서 신체활동을 통하여 개인의 건강을 지속적으로 유지하여 사회생활에 필요한 체력을 배양하고 원만하고 건전한 인간관계의 형성을 제공하여 삶의 질을 향상시켜 주는 넓은 의미의 체육이라고 하였다. 즉, 레저스포츠를 각종 신체활동을 통하여 모든 국민의 신체적 · 정신적 · 사회적 · 도덕적 · 문화적 발달을 꾀하기 위한 목적으로 생활 속에 널리 보급하여 실천하는 운동이라 하였다.

이기봉(1997)은 레저스포츠의 개념을 "일이나 업무에서 벗어나 남는 시간에 삶의 보람을 찾는 사회적 수단으로서 행하는 유희이며, 신체적 능력의 경쟁이며, 제도화된 규칙에 지배되는 하나의 사회적 현상이다."라고 정의하고 있으며, 이기영(1998)은 레저스포츠를 "단순한 신체활동이 아니라 일에 대한 책임감으로부터 벗어난 개개인의 여가시간을 적절히 활용하여 건강증진을 통한 행복의 추구라는 인간생활의 핵심적 요소를 제공해 주는 매우 바람직한 삶의 방법"이라고 하였다.

이렇듯 레저스포츠에 대한 정의는 학자마다 다소 차이를 보이고 있긴 하지만, 직장인들에게 있어서 레저스포츠의 개념은 여가시간에 이

루어져 직무 스트레스를 해소시키고, 인과적인 결과로서 직무몰입과 직무만족을 향상시키어 생산성을 높이는 신체활동이라고 할 수 있다. 레저스포츠는 본질적으로 경쟁적인 성격이 적고, 개인 자발적으로 행해지며, 놀이의 요소를 상당수 내포하고 있기 때문에 엄밀한 의미에서의 스포츠경기와 구분된다. 따라서 레저스포츠의 참여는 자유로워야 하고, 그 활동은 자발적인 선택에 의한 것이어야 하며, 활동으로서 즐거움을 느낄 수 있는 문화적으로 승인된 활동이어야 한다.

2) 레저스포츠의 유형

레저스포츠의 유형은 다음과 같이 분류해 볼 수 있다. 레저스포츠는 크게 모험레저스포츠, 비행레저스포츠, 수상・수중레저스포츠, 구기레저스포츠, 격기레저스포츠, 동계레저스포츠, 조준레저스포츠 등으로 구분된다.

(1) 모험레저스포츠

모험레저스포츠(adventure-leisure sports)란 지상에서 이루어지는 형태 중 모험성이 매우 강한 스포츠 종목으로서 번지점프, 인라인스케이트, 롤러스케이트, 스케이트보드, 묘기자전거, 트레킹, 백패킹, 동굴탐험, 탐석여행, 탐조여행, 전파방향탐지, 온천산행, 산악자전거, 산악마라톤, 암벽타기, 인공 암벽타기, 빙벽타기, 오토캠핑, 오리엔티어링, 오리엔트바이벌, 자동차랠리 등의 종목이 있다.

(2) 비행레저스포츠

비행레저스포츠(air-leisure sports)란 항공스포츠 종목으로서 패러글라이딩, 모터패러글라이딩(파고제트), 행글라이딩, 스카이다이빙,

경비행기, 초경량항공기, 조인경기, 열기구, 롤러코스트, 패러세일링 등이 있다.

(3) 수상·수중레저스포츠

수상 · 수중레저스포츠(water/under water-leisure sports)란 수면 혹은 수중에서 기구를 이용하거나 기구 없이 할 수 있으며, 수영, 윈드서핑, 서프제트, 모터보트, 파워보트, 바나나보트, 수구, 수상스키, 제트스키, 워터슬레이, 요트, 호버크래프트, 래프팅, 스킨 · 스쿠버다이빙, 아쿠아로빅스, 조정, 카약, 카누, 아쿠아라크로스, 낚시, 윈드크루저 등이 있다.

(4) 구기레저스포츠

구기레저스포츠란 볼 종류를 가지고 하는 종목으로서 축구, 야구, 농구, 배구, 럭비, 탁구, 테니스, 배드민턴, 족구, 볼링, 골프, 미식축구, 스쿼시, 소프트볼, 게이트볼, 라켓볼, 핸드볼, 비치발리볼 등이 있다.

(5) 격기레저스포츠

격기레저스포츠란 자신을 방어하며, 상대방을 제압하는 종목으로서 태권도, 유도, 합기도, 검도, 복싱, 우슈, 태껸, 펜싱, 씨름, 레슬링, 호신술 등이 있다.

(6) 동계레저스포츠

동계레저스포츠란 눈이나 얼음 위에서 할 수 있는 종목으로서 스키, 스노보드, 스케이팅, 아이스하키, 컬링, 눈썰매 등이 있다.

(7) 조준레저스포츠

조준레저스포츠(aim-leisure sports)란 어떠한 목표물을 조준해서 맞히는 종목으로 사격, 국궁, 양궁, 석궁 등이 있다.

이 외에 레저스포츠 종목으로 보디빌딩, 에어로빅, 댄스스포츠, 재즈댄스, 육상, 승마, 필드캐스팅 등의 종목들이 있다.

이처럼 레저스포츠는 다양한 선택의 기회를 제공한다. 하지만 자칫 잘못하면 선택의 차이에 따라 비효율적이고 무미건조한 여가활동을 조장할 수 도 있다. 따라서 각 개인은 자신에 맞는 종목을 선택해야 하며, 주중 주 3회 정도의 짧은 시간을 들여 주말 레저스포츠를 위한 기초체력이나 기초기능을 연습하는 등의 묘안을 마련해 두는 것도 좋은 방법이 될 것이다.

4. 여가생활에서 스포츠의 가치

1) 개인적 가치

여가생활에서 스포츠의 개인적 가치에는 심신의 회복기능, 자기 도야의 기능, 교육적 기능 등이 있는데, 첫째, 심신의 회복기능은 현대사회의 대량 정보와 증가되는 보이지 않는 경쟁, 단조로운 업무에서 오는 신체적, 정신적 피로를 풀어주고, 다시 활기를 주는 기능을 말한다.

둘째로는, 자기 도야의 기능이다. 이는 여가생활에서 스포츠를 통하여 자기 자신을 계발한다는 것으로, 현대인들은 경제수준의 향상에 따른 자유시간의 증대, 소득수준의 향상, 교통통신의 발달과 고속화로 인한 행동반경의 확대, 기계문명의 발달과 도시의 과밀화에 따른 자연과 인간성의 회복추구 등을 배경으로 인간의 정신적 가치를 중시하기에 이르렀고 전보다 새로운 것을 찾고 만들어가며, 자신에게 잠재되어 있는 어떤 가능성을 발휘하고 개발하여 나가고 있다. 여가생활에서 스포츠는 자기의 잠재된 욕구와 가능성을 창조적으로 실현하고 표현하는 동시에 스스로의 세계를 형성해 상실된 인간성과 에너지를 회복하기 위한 중요한 바탕이 되며, 특히 기계적인 일상적 사고와 분업화된 행동으로부터 건전하고 균형 잡힌 자기실현의 기능이 있다.

셋째는 교육적 기능으로, 이는 노동과 학습이 여가와 각각 구별되는 것이 아니고, 노동과 학습에 영향을 미칠 수 있는 교육적 내용을 여가생활에서 스포츠를 통하여 얻을 수 있다는 것으로, 여가생활에서 스포츠의 전체적 목적은 사람들에게 그가 지니고 있는 재능이나 흥미를 발전시키는 기회를 제공하는 것이다. 이러한 교육적 기능은 스포츠활동을 통하여 여가선용의 방법을 배움으로써 이루어질 수 있는 것이다.

2) 사회적 가치

사회적 기능에는 통합의 기능, 문화적 기능, 사회문제의 해결 기능, 경제적 기능 등으로 살펴볼 수 있다. 첫째, 통합의 기능은 여가생활에서

스포츠를 통하여 한 집단 또는 사회에서 공동의 가치를 가지게 하기 때문에 공감대를 형성하고, 소속감과 일체감을 높여 유대관계를 증가시켜 사회를 통합하게 해주는 것으로, 스포츠의 특별한 기능 중에 하나가 사회적 유대를 증가시키는 것이다.

둘째로는 문화적 기능으로, 이는 여가생활에서 스포츠 자체를 문화로 보는 것으로, 다른 문화와 함께 계승 발전되어 하나의 문화를 이루어 간다라는 것이며, 스포츠를 문화와 항시 상존하고 있는 것으로 본다.

셋째로는 사회문제 해결의 기능으로, 사회발전과정에서 나타난 문제점들을 스포츠가 해결한다는 것인데, 산업화, 전문화, 분업화, 도시화 등 산업 사회의 사회구조적 변화로 인하여 발생한 사회문제적 요인 즉, 신체활동의 감소, 정신적 스트레스 및 긴장, 노동에서의 소외, 물질적 인간관계로 인한 정서적 빈곤 등에 대한 치료적 기능을 의미한다. 또한 여가생활에서 스포츠활동은 청소년 문제, 노인문제 등 사회적 문제를 해결하는 카타르시스(Katharsis)적인 기능으로도 연결되며, 오늘날 선진국에서 스포츠활동에 점차 비중을 더해 가는 현상도 이러한 사회문제 해결의 기능이 있기 때문이라고 볼 수 있다.

넷째로는 경제적 기능으로, 이것은 스포츠활동이 생산성을 높여주기도 하고, 소비성을 높여주기도 한다는 것으로, 일에서 지친 몸과 마음을 스포츠를 통해 충전시켜 작업의 능률을 올리게 되어 생산성이 증가하고, 스포츠활동을 통하여 스포츠에 필요한 것을 소비함으로써 스포츠산업을 형성할 정도로 소비는 증가하여 경제의 부흥을 가져올 수 있다는 것이다. 하지만, 경제적 기능에서 자칫 적절치 못한 소비를 했을 경우에 경제에 악영향을 미치는 경우도 있다.

알코올 중독

알코올 중독은 일반적으로 허용되는 양 이상을 음주하여 개인의 건강이나 사회적 · 직업적 기능에 장애를 일으키고, 그럼에도 불구하고 자신의 의지로 음주를 억제하지 못하는 경우를 알코올 중독이라고 한다.

〈국립서울정신병원에서 개발한 한국형 알코올 중독 자가 진단표〉

문1) 자기 연민에 잘 빠지며 술로 이를 해결하려 한다.......................( )
문2) 혼자 술 마시는 것을 좋아한다...( )
문3) 술 마신 다음날 해장술을 마신다..( )
문4) 취기가 오르면 술을 계속 마시고 싶은 생각이 지배적이다.........( )
문5) 술을 마시고 싶은 충동이 일어나면 거의 참을 수가 없다............( )
문6) 최근에 취중의 일을 기억하지 못하는 경우가 있다.....................( )
문7) 대인관계나 사회생활에 술이 해로웠다고 느낀다........................( )
문8) 술로 인해 작업기능에 상당한 손상이 있다..................................( )
문9) 술로 인해 배우자(보호자)가 나를 떠났거나 떠난다고 위협한다.( )
문10) 술이 깨면 진땀, 손떨림, 불안이나 좌절 혹은 불면을 경험한다.( )
문11) 술이 깨면서 공포(섬망)나 몸이 심하게 떨리는 것을 경험하거나 혹은 헛것을 보거나 헛소리를 들은 적이 있다.....................................( )
문12) 술로 인해 생긴 문제로 치료 받은 적이 있다..............................( )

*문1～12번의 문제에서 ○는 몇 개가 나왔습니까? ( )개

위의 측정결과 12문항 중 "그렇다"가 3개 이상 해당되는 사람을 알코올 중독이라 할 수 있으며, 10번과 11번 문항은 금단증상과 관계가 있는 것이라 진단하여, 다른 반응의 유무에 관계없이 10번 11번이 표시된 경우 알코올 중독이라 할 수 있다.

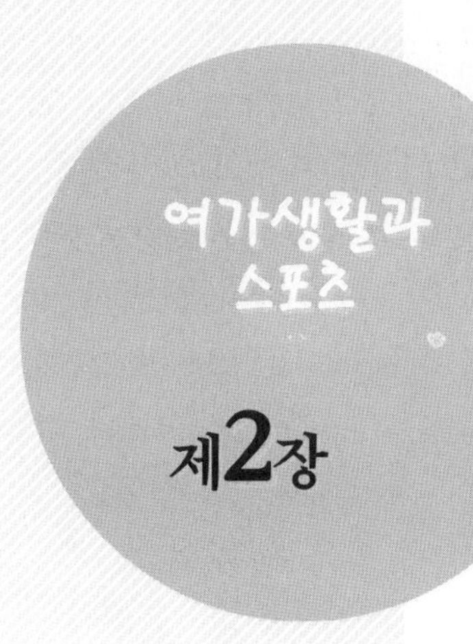

현대사회와 레크리에이션

제2장 현대사회와 레크리에이션

1. 현대사회와 레크리에이션

1) 레크리에이션의 개념

레크리에이션에는 두 가지 뜻이 있다. 리크리에이션(re/creation)이라고 발음하는 것과 레크리에이션(recreation)이라고 발음하는 것은 그 뜻이 다르다. 전자는 개조, 재창조, 새롭게 만든다(making a new)라는 뜻이며, 후자는 오락 · 위안 · 취미 · 기분전환, 영어로 play, diversion, refreshment after toil이라는 뜻을 가지고 있다(김오중, 2000).

이 두 가지의 의미를 통해서 레크리에이션의 참뜻을 살펴보면 레크리에이션 즉 기분전환이나 오락과 같은 활동을 통해서 리/크리에이션(re/creation)되는 것 즉, 새롭게 만들어지는 것을 의미하기도 한다. 다시 말해서 피곤함, 또는 사회적 장애 때문에 어려운 상태에 놓여 있는 사람이 기분전환 또는 오락 · 휴양과 같은 레크리에이션 활동을 통해서 다시 정신적 · 신체적으로 건강하게 되는 것을 의미한다.

그렇다면 레크리에이션이란 말은 어디에서 왔을까? 영어의 recreation은 문헌에 의하면 라틴어의 re-creare로부터 파생되어 프랑스어의 recreatio를 거쳐서 recreacion으로, 이것이 다시 중세 영어인 recreation이 되었다고도 전해지며, 한편 라틴어의 recreatio에서 중세 영어의 recreation이 되었다고도 한다.

본래의 의미로는 re(再), create(創造), 즉 재창조(再創造)의 의미로 표현되었다고 한다. 예를 들면, 고장난 물건을 다시 고치거나 만드는 것, 또는 사람에 비유한다면 부상을 당하거나 질병에 걸린 사람이 다시 만들어져서 건강하게 되는 것이 recreate의 뜻이기도 하다.

피로회복과 재생을 위한 기분전환을 의미하게 된 것은 이것으로부터 기인한 것이라고 말할 수 있다. 레크리에이션이란 단어가 영어로서 최초로 쓰인 것은 1390년으로 "식사를 같이하는 것에 의해 기분을 새롭게 하는 것"을 의미했다고 한다.

그리고 레크리에이션이란 단어가 교육상의 중요한 용어로 처음 쓰였던 것은 1657년 근대 교육학의 아버지라고 불리는 보헤미아(지금의 체코)의 철학자 코메니우스가 그의 저서 『대교수학』(大教授學) 중에 "일정한 학습시간 후에 정신의 피로회복을 위해 쉬는 시간이 필요하다."라고 지적하면서 수업과 수업 사이의 휴식시간을 레크리에이션이라고 불렀던 것이었다. 즉, 수업과 수업 사이의 휴식시간을 단순한 공백시간이 아니라 수업에서 오는 피로를 회복하고 다음 수업을 위한 활력을 준비하는 중요한 시간으로 간주했던 것이다. 이렇게 레크리에이션은 근대적인 학교에서 전문용어로 출발했다고 말할 수 있다.

그 후 레크리에이션은 휴식시간에 하는 여러 가지 기분전환 활동을 포함하는 의미로 쓰였다. 근대적인 공장노동의 확대와 함께 레크리에이션은 학교의 학생들뿐만 아니라 공장과 사무실에서 일하는 노동자들의 휴식과 기분전환을 보장하는 활동으로 간주하게 되었다. 국제노동기구(ILO)가 1949년에 채택한 "노동자의 레크리에이션에 관한 권고"에는 노동시간의 제한과 함께 여가활용을 위한 레크리에이션 조건 정비의 필요성이 강조되어 있다.

미국에서 레크리에이션이란 용어를 사회적으로 정착시키고 공식적으로 사용하게 된 움직임의 하나는 1906년 당시 청소년 비행화(非行化)가 하나의 큰 사회문제로 나타나 제26대 루스벨트 대통령이 미국 곳곳에서 청소년 문제에 관여하는 전문가 · 학자 · 지도자들을 소집하여 워싱턴의 백악관 회의를 개최하고 청소년 비행방지대책을 협의한 것을 발단으로 하였다.

이 회의의 결론은 "미국 전체에 아동 유원지를 개설하는 동시에 전문지도원을 배치해야 한다."라고 내려졌다. 이러한 결정에 의해 1906년 여름 이후 '아동 운동장 협회'(Play Ground Association)가 설립되고, 그 후 1911년에는 '아동 운동장 및 레크리에이션 협회'(Play Ground and Recreation Association)라 개칭되었다. 이 때부터 미국에서 레크리에이션이란 단어가 공식적으로 사용되었다고 볼 수 있다.

레크리에이션이란 단어는 현재 여러 가지로 사용되고 있지만 레크리에이션을 한마디로 정의하기는 매우 어렵다. 그 이유는 레크리에이션이란 말이 단순히 외래어이기 때문이 아니라, 한 개인이 하는 어떤 활동이 레크리에이션인지의 여부를 판단하는 것은 레크리에이션의 표면에 나타나는 단순한 활동문제가 아니며, 오히려 동기(motivation)와 태도(attitude)의 문제이기 때문이다. 이것은 다시 단순한 이유나 근거에 의해 레크리에이션 여부를 결정지을 수 없는 측면을 가지고 있고, 또한 그 점이 오늘날 레크리에이션의 대변적인 오해와 문제를 야기하고 있다.

사포라와 미첼(A. V. Sapora & E. D. Mitchell)에 의하면 "레크리에이션은 놀이를 포함한 넓은 개념으로, 모든 형태의 활동을 포함해 어린이뿐만 아니라 성인들에 의해 자기실현을 목적으로 추구된다. 그렇기 때문에 지역 서비스(community service: 지역사회에서의 레크리에이션 프로그램을 계획하고 수행하는 것)와 같은 직업도 포함된다."라고 말하고 있다.

또한, 허친슨(I. L. Hutchinson)은 "레크리에이션은 가치 있고 사회적으로 수용될 수 있는 경험으로 그 활동에 자발적으로 참가하는 개인에 직접적으로, 또는 고유한 만족을 주는 경험이다."라고 말해 레크리에이션의 경험적 가치를 강조했다.

일본의 치료 레크리에이션 분야의 권위자인 스즈키(鈴木秀雄)는 "레크리에이션을 단순한 놀이(mere play)로부터 창조적 활동(creative activity)을 포함한 일련의 확대(spectrum)로서 여가 중에 행해지고 자유롭게 선택되어 즐기는 것을 주요 목적으로 하는 활동 · 경험의 총체"라고 규정했다.

우리나라의 레크리에이션의 아버지라 불리는 김오중(2000)은 레크리에이션의 정의를 다음과 같이 규정하고 있다.

"레크리에이션은 각자가 선택한 활동에 스스로 참여하여 만족을 느낄 수 있으며, 동시에 문화적 · 사회적으로 받아들일 수 있는 건설적이며 창조적인 여가활동이다."

그 후 레크리에이션의 많은 관련학자들은 그 본질과 개념을 파악하려고 노력해 왔으며, 이것을 간단히 정리해 보면 <표 2-1>과 같다.

표 2-1. 레크리에이션에 대한 개념의 흐름

연대	대표적 표현	개념
1900 1930	휴양, 오락, 기분전환	노동대비개념
1940 1950	여가선용	
1960	자유로우면서 즐거운 활동	활동개념
1970	개인의 동기, 태도에 기인하는 경험적 차원	
1980	여가에 대한 욕구를 충족시키기 위한 사회적 행위	태도, 경험개념
1990	삶의 질 향상과 복지적 차원에서의 경험	복지, 경험개념
2000	자기 가치의 향상과 사회, 복지적 차원에서의 경험	가치, 복지개념

이와 같이 시대와 사회의 변화에 따라 레크리에이션도 그 개념을 조금씩 달리해 왔다. 그렇지만 레크리에이션이 내포하고 있는 본질은 변하지 않는다. 여기에서 본 그 개념을 말하자면 "개인의 윤택하고 밝은 생활을 영위하기 위해 주체적으로 여가를 창조하고 즐기며 다시 여가를 어떻게 하면 잘 보낼 수 있을까?를 발견하고 경험하려고 하는 행위가 레크리에이션이다." 즉, 레크리에이션은 개인이나 집단 또는 조직의 유무에 관계없이 여러 가지 경험이나 활동을 통해서 실현될 수 있는 것이다. 또한, 여가를 유용하고 보람 있게 보내고 싶다는 가치적 의미가 포함되어 있는 것이 레크리에이션을 존재하게 하는 것이라고 할 수 있다.

이런 점에 관해서는 종래부터 논의되어 왔고 레크리에이션의 개념 및 정의를 내리는 데도 매우 중요하다.

그러나 레크리에이션으로부터 가치적 측면을 완전히 무시한다고 하면 레크리에이션의 본질적 의미를 상실시키는 것이 된다. 레크리에이션은 그 가치적 측면에 중점을 두어야 하고, 더욱이 사람의 태도와 살아가는 생활방식의 관계를 고려하지 않으면 안 된다.

2) 레크리에이션의 필요성

현대사회에서 레크리에이션의 필요성에 대해서는 그 본질적 의미

를 알고 접근하는 것이 이해하기 쉬울 것이다. 21세기 사회는 점차로 복지로의 가치를 중요시 여기며, 정책적으로나 경제적으로나 많은 비중을 차지한다. 이에 레크리에이션은 인간 복지와 삶의 질 향상에 많은 영향을 미치고 있다는 것은 누구나 알 고 있는 사실이다. 그럼 레크리에이션의 본질적 요소와 현대사회에서 레크리에이션의 역할을 중심으로 알아보기로 하겠다.

(1) 본질적 요소

레크리에이션이 될 수 있는 활동은 본질적으로 가치를 가져야 한다. 레크리에이션은 비교적 자유롭고 즐거운 활동이기 때문에 누구에게나 호감을 느끼게 할 수 있다. 모름지기 사람은 내적 충동에 의해서 어떠한 강제성을 받지 않고 하고 싶은 욕망을 가지고 있으며 자유롭게 선택한 활동을 즐기려고 한다. 레크리에이션이 자유롭게 자발적인 것으로써 레크리에이션 그 자체를 위한 활동이기 때문에 보수를 바라는 활동은 물론 아닌 것이다. 그러나 노동과 레크리에이션과의 관계에 있어서 다소의 의문점이 없는 것은 아니다. 예를 들면 비록 노동이 금전적 보수와 결부된 유쾌한 노동이라고 하더라도 이것을 레크리에이션이라고 할 수 있겠는가?

만일 노동이 그 사람에게 고역이 되고 있다든가, 또는 노동의 주목적이 돈을 버는 데 있다고 하면 그 노동 자체에 하등의 기쁨이 따를 수 없을 것이다. 그러나 노동이 하나의 기쁨이 되어 재창조적이며 동시에 그 목적 자체의 성취를 완수하는 데 있다면 커다란 만족을 느낄 수도 있는 것이다.

결론적으로 레크리에이션은 개인과 집단에게 즐거움과 만족을 충족시켜 주면서도 신체적 · 정서적 · 사회적으로 가치 있는 활동이 되었을 때 그 가치를 발휘할 수 있는 것이다.

(2) 자기실현을 위한 수단

인간은 나름대로의 독특한 성격과 모습을 가지고 살고 있다. 이 세상의 모든 사람들은 '행복해지고 싶다'라는 욕구를 갖고 있으며, 다음과 같은 자기실현을 위한 욕구를 가지고 있다.

① 생활적 측면: 건강유지 또는 체력증진
② 정신적 측면: 원만한 인간관계 또는 신뢰감
③ 문화적 측면: 재미를 느끼거나 즐기는 것
④ 경제적 측면: 노동 또는 생산
⑤ 사회적 측면: 사회참가 또는 봉사활동

(3) 창조를 위한 수단

① 충실한 생활

레크리에이션은 단순한 시간 때우기나 기분전환뿐만 아니라, 일상의 모든 생활경험 중에 활력이 넘치는 생활을 만들어내고 충실한 생활 그 자체를 재창조해 나가는 인간적 행위라고 할 수 있다.

② 평생학습을 위한 레크리에이션

인생의 각 생활단계에서 자기실현과 자립, 그리고 행복하게 사는 것을 목표로 한 사회복지와 인생의 각 시기를 자기실현과 풍족하게 사는 방식을 배우는 평생학습의 목표가 결부될 때 이 두 가지는 서로 상호작

용의 역할을 하게 된다. 그리고 사회복지와 평생학습을 결부시킬 수 있는 것은 레크리에이션이 어떤 사람에게나 친해지기 쉽고, 또 그런 특수한 기능을 가지고 있기 때문이라고 할 수 있을 것이다.

③ 고령자들을 위한 레크리에이션

현대사회는 급속하게 고령화되어가고 있는 추세에 있다. 열등감과 고독감을 느끼는 노인층의 급증으로 인해 다채롭고 개성적인 생활의식과 생활구조에 대응하는 고령자들을 위한 대책이 시급히 요구되고 있다. 이들이 오랫동안 경험해 왔던 지식과 경험을 살려서 적극적으로 사회활동에 참가하고 공헌하는 것이 개인에 있어서나 사회적으로나 큰 이익을 가져다주게 될 것이다.

따라서 고령자가 이러한 의미를 이해하고 각종 활동에 참가하여 그들이 갖고 있는 경험을 지역사회에서 십분 발휘할 수 있는 사회활동을 적극 지원하는 것이 중요하다.

이러한 상황에서 고령자를 위한 레크리에이션 활동은 어떤 의미와 필요성을 가지고 있는가? 고령자들에게만 국한되지 않고, 레크리에이션이 지향하는 것은 생활을 윤택하게 하며 보다 재미있고 활력 있는, 그리고 기쁨이 넘치는 인생의 창조에 있다. 즉, 자기실현의 행위이자 고통을 극복함으로써 활기찬 삶을 창조하는 행위이며 평생학습의 행위라 할 수 있다.

고령자들을 위한 레크리에이션의 구체적 목표는 다음과 같다

- 심신의 건강유지
- 원활한 인간관계 형성
- 여가시간의 활용 능력 육성
- 근로의 보람
- 사회참가의 욕구충족

3) 현대사회와 레크리에이션

(1) 기본적 욕구와 레크리에이션

사회가 발전하고 성숙하면서 레크리에이션은 인간생활에 있어서 단순한 역할이 아니라 나름대로의 의미와 가치를 가진다라는 인식이 많아지고 있다. 즉, 현대사회에서의 레크리에이션은 인간다운 생활을 영위하기 위해서는 빼놓을 수 없는 '권리'로써 말할 수 있는 것이다.

매슬로우의 '욕구계층설'을 기본으로 하여 레크리에이션과의 관계를 설명해 나가기로 하겠다.

① 결핍욕구

매슬로우는 인간의 기본적 욕구는 병렬적인 것이 아니라 계층적인 측면이 존재한다고 주장하고, 욕구의 원천을 두 가지로 분류하였다. 하나는 결핍욕구라고 하여 예를 들면 목욕을 일주일에 2회로 제한한 사람에 있어서는 매일 목욕하고 싶은 욕구가 생기게 된다. 즉 생리적, 심리적으로 무엇인가가 결핍해 있을 때에 그것을 해결하고 싶은 욕구라고 할 수 있다.

② 성장욕구

이것은 인간이라는 동물이 가지고 있는 욕구라고 한다. 즉, 식사, 배설, 수면, 성 등의 결핍욕구가 만족한 상태에서 보다 차원 높은 욕구로서 출현하게 되는 욕구이다. 매슬로우는 이 성장욕구를 한 마디로 "자기실

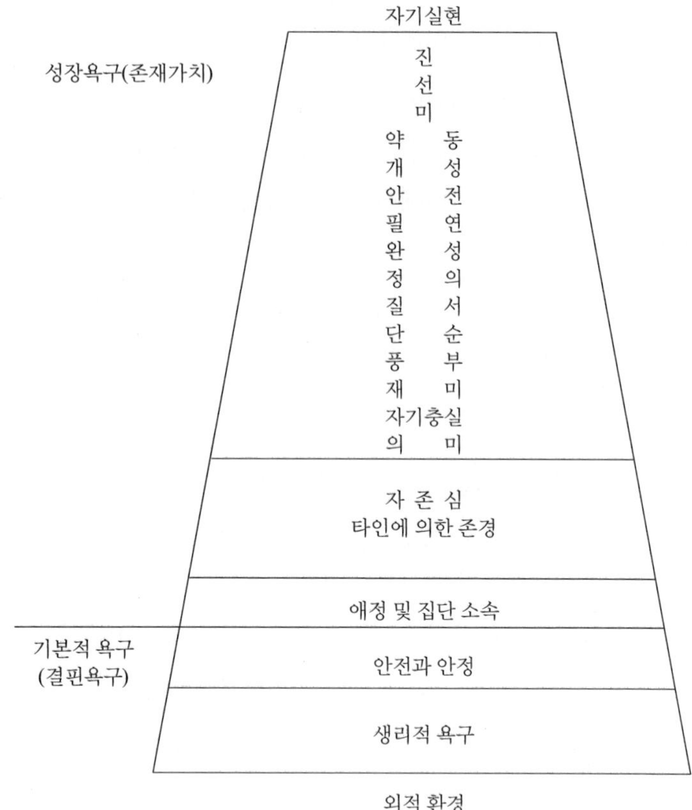

그림 2-1. 매슬로우의 욕구계층

현욕구"라는 개념으로 말하고 있다. 모든 사람들은 결핍욕구가 채워진 후에 "사는 것에 대해 더욱더 즐기고 싶다", "인간으로서의 가능성을 보다 연장하고 싶다" 등의 성장욕구를 가지고 있는 것이다. 이러한 욕구를 만족시키는 활동의 한 분야로서 레크리에이션이 존재한다고 볼 수 있다.

(2) 권리로서의 레크리에이션

1970년 '국제 레크리에이션 협회'가 제정한 여가헌장에서는 인간의 권리로서의 레크리에이션이 강조되어 있다. 김오중(2000)은 이후에 1993년 12월 인도의 자이푸르(Jaipur)에서 열렸던 '세계 여가 레크리에이션 협회'(World Leisure & Recreation Association) 이사회의 인준을 받아 제정한 여가교육헌장을 소개하였는데 그 중 교육과 권리에 관련된 부분을 소개해 보기로 하겠다.

(가) 서 문

① 목적

이 헌장의 목적은 정부, 비정부기관, 교육기관 담당자들에게 여가와 여가교육의 중요성 및 그 이점을 알리는 데 있다. 또한, 학교를 포함한 교육기관, 지역사회, 교육담당기구 등의 인력훈련 관련자들에게 여가교육 정책 및 전략 개발을 세우는 원칙에 대한 지침을 제공하는 데 있다.

② 여가의 의미

㉠ 여가는 선택의 자유, 창조활동, 만족, 즐거움과 행복의 제고를 포함하여 자체 이익을 지닌 특정 분야에 대한 인간의 경험을 말한다. 여가는 지적・사교적・예술적・정신적 행위를 포함하여 본질적으로 그 성격상 육체적인 요소들을 포괄하는 광범위한 형태의 표현 내지 행동을 내용으로 한다.

㉡ 여가는 개인, 사회 그리고 경제개발의 원천으로서 삶의 질적인 측면에서도 중요한 의미를 지닌다. 여가는 또한 문화적 상품이자 고용, 재화 그리고 서비스를 창출하는 하나의 사업이다. 정치적 · 경제적 · 사회적 · 문화적 · 환경적인 요인들이 이 여가를 증진시킬 수도 있고 억제시킬 수도 있다.

㉢ 여가는 개인과 집단이 그들의 욕구, 관심 그리고 선호도에 적합한 활동과 경험을 선택할 수 있는 여러 가지 기회를 제공함으로써 우리의 건강과 안녕을 증진시킨다. 여가 상황에 대한 의사결정을 스스로 하게 됨으로써 우리는 최대의 여가 잠재력을 성취할 수 있게 된다.

㉣ 교육과 일, 그리고 건강이 인간의 권리인 것처럼 여가는 인간의 기본적인 권리이다. 어느 누구도 성, 나이, 인종, 종교, 신조, 건강 상태, 장애 또는 경제여건의 이유로 이 권리를 빼앗을 수 없다.

㉤ 안전, 주택, 식량, 소득, 교육, 자원, 평등 그리고 사회정의 등 인간의 기본적인 생활조건을 충족시킴으로써 여가개발은 용이해진다.

㉤ 사회는 복잡하게 상호 관련되어져 있으며, 여가는 다른 인생의 목표와 분리될 수 없다. 물리적 · 정신적 · 사회적 안녕에 도달하기 위해서는 개인 또는 집단은 자신들이 열망하는 것이 무엇인가를 깨닫고, 욕구를 충족시키며 적극적으로 환경에 대응할 수 있어야 한다. 따라서 여가는 우리의 삶의 질을 향상시키는 원천이라 할 수 있다.

㉥ 일상생활에서 날로 증가하는 불만족, 스트레스, 권태감, 육체활동의 부족, 창조활동의 부족 그리고 소외감이 전 세계적으로 수많은 나라에서 나타나고 있다.

㉦ 오늘날 세계는 사회적 · 경제적으로 심한 변화를 겪고 있는데, 이들 변화는 한편 인간의 생활에 필요한 자유시간의 양과 유형에 깊은 변화를 야기하고 있다. 이러한 경향이 직접적으로 시사하는 바는 여가활동의 다양화인데, 그것은 여가재와 서비스의 수급에 영향을 미친다.

③ 일반교육

교육의 기본목표는 인간의 가치관과 의식을 개발하고, 우리가 인생을 좀더 안전하게 즐기며 만족할 수 있도록 지식과 기술을 익히게 하는데 있다. 교육의 기본목표는 일과 경제과 관련된 교육뿐만 아니라, 사회구성원들을 모두 참여시킴으로써 자신을 개발하고 삶의 질을 개선한다는 중요한 의미도 지니고 있다.

④ 여가교육

㉠ 개인만의 독자적인 힘으로 여가의 선결 요건들과 조건들은 충족시킬 수 없다. 여가 개발은 정부, 비정부기관, 자원봉사단체, 산업계, 교육기관 그리고 언론매체가 상호 협력함으로써 이루어질 수 있다. 여가교육은 여가를 향유하는 계층간의 차를 줄이고 균등한 여가기회와 자원을 제공해주는 데 중요한 역할을 한다. 여가교육은 또한 사람들이 여가 잠재력을 최대한 발휘할 수 있도록 해준다.

㉡ 여가교육은 사회・문화・경제 제도의 차이점을 고려해 주면서, 한 나라 한 지역민의 욕구와 수요에 부응하도록 해야 한다.

㉢ 여가교육은 여가의식, 가치관, 지식, 기술, 자원의 개발을 내용으로 하는 평생교육과정이라 할 수 있다.

㉣ 공식적 교육제도든 비공식적 교육제도든 간에 그것은 개인 참여의 여가교육을 실시・조장・촉진하는 중추적인 역할을 한다.

㉤ 여가교육은 오래 전부터 교육의 한 분야로 인식되어 왔지만 널리 실천에 옮겨지지는 못했다. 여가교육은 여러 기관들의 주요 역할하에 이루어질 수 있는 사회화 과정의 주요 부분으로서 인식되어 왔다. 본 헌장에서 역점을 두는 대상을 학교, 지역사회 및 인력훈련이다.

㉥ 21세기는 새롭게 혁신적인 학제간 여가 서비스 전달 체계를 필요로 한다. 오늘날의 여가 서비스 전문가들은 미래의 전문가들이 혁신적이고 통합된 여가 서비스를 전달할 수 있는 방법들의 개발을 준비하는데 부응할 수 있도록 교육과정과 교육모델을 개발해야 한다.

따라서 모든 나라에서의 여가 역할 및 편익의 발전 및 여가교육 관련 기관의 중요성이라는 측면에서, 여가교육 프로그램 개발의 확대를 건의한다.

이러한 여가교육헌장과 더불어 미국에서는 1990년 7월에 "장애를 가진 미국인에 관한 법률"이 제정되어, 그 제2조에서는 장애를 가지고 있는 사람들이 레크리에이션 분야에서 차별을 받고 있다는 것을 지적하고 있다. 그리고 제301조에서는 다양한 레크리에이션 관련시설(체육관 또는 골프장 등)에서의 차별을 금지하고 있다. 우리나라에서도 이러한 차별을 없애는 정책추진이 시급히 필요하다.

(3) 재활 프로그램 활동으로서의 레크리에이션

(가) 사회복지 서비스에 있어서 재활의 의미

오늘날의 사회복지 서비스의 목적적 사상은 평준화, 삶의 질과 같은 맥락으로 해석할 수 있겠다. 또한 재활도 '기능훈련'이라는 협의의 의미에서부터 이용자의 모든 생활을 지원하는 광의의 의미로 쓰여 왔다. 이러한 사상의 변화에 따라 사회복지 서비스와 재활 서비스가 특히 근접한 사상을 가지고 실행되어 왔다.

재활이라고 하는 것을 알기 쉽게 말하자면 심신의 장애를 가진 사람들이 가능한 한 일반적인 생활로 돌아오는 활동의 총체라고 할 수 있다. 따라서 기능훈련 이외의 다양한 지원이 필요하다. 일반적인 견해로는 '의학적 재활'과 '사회적 재활'로 구분되어, 후자의 사회적 재활 중에는 직업재활 · 교육재활 · 지역재활 등이 포함된다.

사회복지 서비스가 이용자의 보다 나은 생활을 목표로, 사회복지의 법률이나 제도를 배경으로 하여 이용자에 접근한다고 하면, 재활 서비스는 의학적 측면에서 출발하여 이용자의 생활재건적인 측면에서 접근하고 있는 차이점이 있다.

(나) 재활의 구조적 이해와 레크리에이션

재활의 구조적 이해를 돕기 위하여 1980년에 세계보건기구가 발표한 내용을 참고로 하겠다. 그 내용 중에는 뇌졸중은 반신불수나 언어장애가 전형적으로 나타난다. 이러한 것은 '기능장애'(impairment)라고 한다. 그리고 기능장애에 의해 일상의 여러 활동이 불가능해진 것을 '능력장애'(disability)라고 한다. 그러나 능력장애는 생활환경을 개선하거나 생활기술을 재획득하는 것에서 경감하는 것이 가능해진다. 여기에 종합적인 재활 서비스의 의미를 포함한다.

이와 더불어, 심신에 장애를 가진 사람들이 사회적 활동에 불이익을 겪는 경우가 적지 않다. 이것은 '사회적 불이익'(handicap)이란 말로 표

현할 수 있다. 예를 들면, 야구장에 가서 프로야구를 관람하고 싶지만, 휠체어로는 관람이 불가능하여 경기를 볼 수 없는 경우가 여기에 해당된다. 그래서 야구장에 장애인전용 엘리베이터를 설치하고 휠체어를 타고 관람할 수 있는 좌석이 있다면 재미있게 경기를 관전할 수 있을 것이다.

또한 레크리에이션 활동내용 중에서도 신체활동과 재활과의 관련성을 생각해 보자. 스포츠는 여러 가지 있겠지만 운동 중에는 기능이나 능력장애를 개선하기 위하여 다른 능력을 유지하고 향상시키는 요소를 발견할 수 있다. 예를 들면, 고령자들을 대상으로 하여 풍선배구를 한다고 하자. 이 활동을 통해 어느 정도의 기능훈련과 그룹 내의 인간관계개선도 가능해질 수 있다.

이와 같이 재활은 사회복지 서비스를 보다 능동적으로 전개하려는 프로그램 활동으로 간주할 수 있다.

2. 복지사회를 위한 레크리에이션

1) 복지 레크리에이션의 개념

복지 레크리에이션은 사회복지 서비스의 일환으로 제공되어지는 레크리에이션 활동이라 할 수 있다. 그러나 중증의 장애인이나 누워만 있는 고령자의 경우에도 레크리에이션 활동에 대한 서비스가 제공되어야 한다. 예를 들면, 생일잔치 때 고향의 모습을 비디오를 이용하여 보여준다든지, 양로원이나 노인대학과 같은 센터에서 차를 같이 마시면서 대화를 나누는 활동도 레크리에이션 활동이라는 관점이다.

레크리에이션은 연중행사처럼 큰 규모로 이루어지는 활동 이외에도 각 시설에 있는 장비나 용품을 이용하여 간단하게 즐길 수 있는 활동들도 포함된다. 이러한 노인 레크리에이션의 관점처럼 다양화를 추구하면서 복지 레크리에이션의 개념정리도 간략하게 해보기로 하겠다.

복지 레크리에이션은 심신의 질환, 기능이나 능력장애 또는 생활상의 문제 등에 의하여 사회생활의 불이익이 존재하고, 마찬가지로 레크리에이션 활동에서도 같은 문제가 발생하는 사람들이 필요에 의해 전문가나 자원봉사자의 도움을 청하면서 행하여지는 레크리에이션이라고 정의할 수 있다.

여기에서의 레크리에이션은 다음과 같은 다섯 가지 항목을 충족시킬 수 있는 것이어야 한다.

① 놀이를 기반으로 하여야 한다.
② 주로 여가시간에 행해져야 한다.
③ 기본적으로 자발적인 행위나 활동이어야 한다.
④ 재미와 즐거움을 수반하여야 한다.
⑤ 심신의 건강과 생활의 질적 향상 및 유지에 공헌하여야 한다.

즉, 레크리에이션에 관한 중심 단어는 놀이, 여가, 자발성, 즐거움, 건강, 생활의 질 향상이 될 것이다. 이러한 요소를 내포하고 있는 활동이 바로 레크리에이션 활동이라고 할 수 있는 것이다.

2) 복지 레크리에이션의 역할

인간사회는 여러 가지로 사람과 사람 사이의 인간관계를 발전시켜 왔으며, 보다 잘사는 사회를 만들기 위해 노력해 왔다. 서로 도움을 주고받고 하는 인간관계는 생활의 모든 방면에서 접할 수 있다. 식물을 획득하고, 일상생활을 영위하고, 양육하는 인간의 가장 기본적인 생활을 지지하고 있는 것은 사람과 사람과의 지원관계라고 말할 수 있다. 인간은 고립되지 않고 군락을 이루어 생활해 왔다. 군락이라는 것은 지원의 관계가 발생되는 장기적인 관계를 토대로 성립되는 인간집단이다. 수렵 또는 채집의 경제 단계에서 남자와 여자의 분업과 협력이 넓게 퍼져 있고, 어린이부터 성인, 그리고 노인세대에까지 각각의 계층의 역할분담이 정해져 왔다.

그 중에서도 도움을 하나의 전문적인 기능으로 하는 사람이 점점 명확해져 왔다. 예를 들면 가장 오래된 도우미(전문직)는 조산부라고 할 수 있다. 아이를 낳는 행위는 물론 엄마라는 역할의 하나이지만, 출산이라는 소중한 과제를 안전하게 불안감이 없게 이행하려면, 조산부의 역할을 빼놓을 수 없다. 어떤 사회에 있어서도 산파의 존재를 인정하지 않을 수 없다.

이러한 도움의 역할은 사회구조의 다기능화와 전문화에 따라 여러 인간관계에 대해 다양해지고 있어 레크리에이션 서비스의 역할이 더욱 중요하게 되었다.

레크리에이션 서비스는 놀이와 여가에 대한 적극적인 자세를 토대로 생활의 변화를 추구하는 것이다. 전술한 바와 같이 레크리에이션은 단순한 노동력의 재생산이 아니라 생활 전체를 활력 있고 재미있게 만들어가는 것이다. 레크리에이션 서비스는 놀이와 여가를 수단으로 하여 생활의 활성화를 추진하는 다양한 역할을 수행한다.

생활의 활성화 또는 재편성이라고 하는 것은 어떻게 하면 가능할까?

그것은 먼저 생활목표를 전환하는 것부터 시작하지 않으면 안 된다. 일찍이 노동이 유일한 가치로 인정받는 사고방식으로는 노동일변도의 사고방식밖에 생성되지 않는다. 여기에서 전환하여 자유시간의 가치를 인정하고, 재미있게 즐기는 것, 여가를 즐기는 것을 생활목표로 확립시키는 것이 먼저 제일 첫째의 목표이다. 사회복지의 문맥에서 이러한 것을 생각해 보면 복지는 노동제일주의의 가치관에 지배되어 왔기 때문에 복지 서비스 수급자를 사회적으로 일단 부족한 사람들을 보는 방식으로 자유롭게 실행되지 못했다. 재미있게 사는 것이 모든 사람들로부터 빼앗을 수 없는 권리이며, 생활의 목표로 생각함으로써 복지 서비스에 있어서 레크리에이션의 중요성이 대두된다고 생각할 수 있다. 생활의 활성화를 구체적으로 추진하기 위해서는 지금까지의 생활양식을 버리고 새로운 생활양식을 발견할 필요가 있다. 생활은 일종의 통합된 시스템으로 안정된 생활을 영위하기 위해서는 모든 행동에 나름대로의 필연성이 수반된다. 이것을 변화시킨다는 것은 그리 쉽지 않은 일이다. 변화의 추진력은 신선하고 매력적인 행동에서 비롯된다. 새로운 가치관에 따른 새로운 생활행동을 확립하는 것에 의해 생활 전체에 그 파급효과를 기대하는 것이 가장 효과적인 지름길이다. 그렇기 때문에 레크리에이션 프로그램은 하나의 계기로 큰 의미를 가진다.

만약 지금 여기에 노인 한 사람이 있고, 생활의 활력을 잃고 방황하고 있다고 가정하자. 그 노인에게 레크리에이션의 기회를 제공하고, 재미

와 즐거움을 체험시켜 주었다. 그 노인이 레크리에이션을 자기 것으로 하려고 한다면, 거기에서부터 생활 전체를 변화시킬 수 있게 되는 것이다. 또한 오랫동안 실직자로 지낸 사람의 경우에는 시간을 효율적으로 활용할 수 있는 방법을 잘 모르게 된다. 이러한 경우에 레크리에이션을 통하여 새로운 사람들을 만나게 되고, 생활의 적극성을 띠게 되면, 시간의 활용 방법도 보다 효율적으로 변화될 수 있다. 새로운 레크리에이션이 생활의 계기가 되면 그 이외의 생활양식(식사 또는 수면)에도 영향을 미치게 되어 보다 적극적인 태도로 생활할 수 있게 될 것이다. 레크리에이션은 인간정신의 가장 기초적인 '쾌락'의 에너지를 해방시켜 주는 것부터 생활을 개혁하게 하는 동기로서의 뛰어난 효과를 발휘할 수 있다.

따라서 지금까지의 레크리에이션 서비스는 단순한 레크리에이션의 구체적인 종목활동을 제공하는 것에 그치는 것이 아니라, 그러한 활동도 포함하여 대상자의 일상생활 전체를 목표로 하여 제공되어져야 한다. 레크리에이션 서비스는 대상자의 생활관과 생활행동을 아는 것부터 시작된다.

"그 사람이 현실적으로 어떤 인생을 보내고 있는가?"를 정확하게 파악하고, 그것을 포함하여 "그 사람이 정말로 어떤 인생을 살고 싶은가?"를 계획하고, 이것을 달성하기 위하여 여러 가지 기회를 제공하는 것까지 종합적인 서비스가 새로운 레크리에이션의 지도 방법의 과제이기도 하다. 이를 위해서는 모든 레크리에이션 활동을 생활 속으로 이끌어내어 그 인생에 대한 의미부여를 깊이 추구할 필요가 있다. 노래나 춤 또는 스포츠 등 다양한 취미활동은 사람들의 인생을 다양한 색깔로 꾸며주는 도구에 지나지 않는다. 이러한 도구로 어떤 그림을 그릴 것인가를 생각하지 않으면 안 된다. 그 그림의 이미지를 제공하는 것이 바로 레크리에이션 서비스의 역할이라고 할 수 있다.

3) 복지 레크리에이션의 지도과정

복지 레크리에이션은 사회복지 서비스의 영역뿐만 아니라 의료, 보건 또는 평생교육이라고 하는 복지 서비스와 근접한 영역으로도 전개되어진다.

여기에서는 이러한 관련영역과 레크리에이션을 접목시켜 살펴보기로 하겠다. 각각의 분야는 나름대로 개별적인 목적을 가지고 있다. 이 영역들에서 레크리에이션 지도의 과제와 전개 방법을 생각하면 각 분야의 목적에 초점을 맞추는 것이 중요 포인트이다. 그것을 정리하여 다음과 같이 나타낼 수 있다.

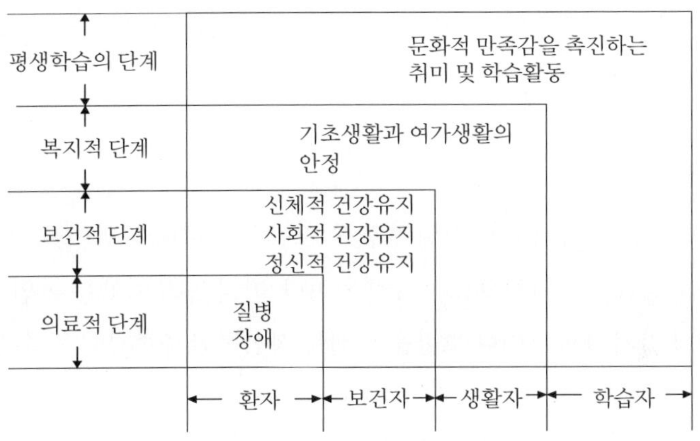

그림 2-2. QOL의 구성요소와 네 가지 단계

(1) 의 료

의료의 목적은 질병을 고치거나 장애를 경감시키는 것이다. 따라서 그 목표가 신체의 일부분이 되는 경우가 많다.

(2) 보 건

보건의 목적은 심신의 건강을 유지하고 증진하는 것이다. 따라서 그 목표는 정신활동을 포함한 신체 전체를 말한다. 이는 인간이 사회적 존재인 이상 건강을 사회 환경으로부터 보는 시점도 잊어서는 안 된다.

(3) 복 지

복지의 목적은 보다 좋은 생활을 영위하게 한다는 것에 있다. 따라서 그 목표는 가정생활이나 지역사회생활, 즉 본인과 본인을 둘러싸고 있는 생활전반에 걸쳐 있다.

(4) 평생학습

평생학습의 목적은 안정된 생활을 기반으로 하여 본인이 희망하는 학습을 성취하는 인간으로서의 행위이다. 따라서 그 목표는 본인의 삶의 질적 가치의 향상이나 보람을 느끼는 정신적인 충족감이 될 수 있다.

위와 같은 과정을 기초로 하여 복지 레크리에이션 활동을 어떻게 지도해야 할 것인가를 이해하기 쉽도록 다음과 같이 하나의 활동을 예를 들어 설명해 나가기로 하겠다.

어떤 사회복지시설에서 사회복지 서비스를 이용하고 있는 신체장애인이 "테니스를 치고 싶어요."라고 요구한다고 생각해 보자. 이런 부탁을 받은 어떤 사회복지사 또는 자원봉사자는 그가 자립적으로 테니스를 즐길 수 있도록 다른 전문가와 협력하면서 다양한 도움을 줄 것이다. 즉, 신체장애인이 테니스를 치기 위해서는 여러 가지 도움이 필요하다는 것이다. 여기에서는 테니스란 레크리에이션 활동에 비유하여 복지 레크리에이션의 분류에 대해 살펴보기로 하겠다.

(가) 카운슬링 서비스

테니스를 치고, 여가시간을 충실하게 보내기 위해서는 어떤 준비가 필요할지를 같이 상담을 통하여 실행계획을 작성해 나간다.

(나) 지역 서비스

테니스를 치기 위한 공간과 용품 등을 어떻게 확보할 것인가를 담당하는 영역이다.

(다) 지도자 서비스

테니스를 즐기기 위해서는 어느 정도 기본적인 기술이 요구된다. 대상자가 치기 쉽게 하기 위해서는 테니스를 전문으로 배운 지도자에게 배운다면, 보다 재미있게 즐길 수 있으며, 빠르게 익숙해질 수 있다.

(라) 프로그램 서비스

테니스를 배우고자 하는 사람들을 모아서 여러 사람들이 같이 즐길 수 있도록 '테니스 교실' 등의 시간을 계획하고 실행하는 영역이다.

(마) 그룹 서비스

테니스를 어느 정도 즐길 수 있는 수준이 되면 '테니스 교실'과 같은 모임이 아니라 하여도 정기적으로 또는 지속적으로 테니스를 치고 싶은 욕구가 생긴다. 이 때에는 동호회 모임이나 다른 그룹을 만들어 계속적인 활동을 할 수 있게 한다.

(바) 정보 서비스

사회복지 서비스를 이용하고 있는 사람들 가운데 공통으로 가지고 있는 현상으로서 자신만의 세계에서 벗어나려고 하지 않는 사람들이 많다. 물론, 심신의 장애를 가지고 있으면서도, 사회의 한 사람으로 훌륭한 일을 하고 레크리에이션을 즐기고 있는 사람들도 많다. 여기에서 사회복지 서비스의 일환으로서 지금까지 말한 것처럼 레크리에이션에 관련된 많은 정보를 대상자들에게 제공하는 것이다.

(사) 관리 서비스

지금까지 말한 여러 서비스를 조정・통합하여 대상자들이 가능한 한 레크리에이션을 즐길 수 있게 관리・운영하는 것이다. 이 서비스에는 사회복지시설이 보조할 수 있는 예산, 혹은 대상자의 참가비 등의 금전적인 문제도 포함되어 있다.

(아) 이벤트 서비스

이상과 같은 서비스가 효과적으로 제공되어지면, 대상자들의 레크리에이션에 대한 요구는 점점 많아질 것이다. 사회복지시설에서는 그러한 요구에 힘입어 "○○대회" 등과 같은 이벤트를 제공하여 주면 대상자들이 생활하는 가운데 하나의 큰 즐거움을 안겨줄 수 있을 것이다.

4) 복지 레크리에이션의 활동 내용

(1) 레크리에이션 활동 내용

사회복지 서비스 이용자는 여러 가지 사회적 불이익을 느끼면서 생활하는 것은 말할 것도 없다. 그러나 레크리에이션 활동은 연구하면 할수록 수없이 많은 활동들을 고안할 수 있을 것이다. 본 장에서는 고령자나 심신장애인들이 쉽게 즐길 수 있는 레크리에이션 활동들을 다음과 같이 나열해 보기로 하겠다.

① 체조, 운동, 게임, 가벼운 스포츠 등의 신체활동

② 일상에서 벗어나 소풍, 산책, 여행 등의 자연에서 즐길 수 있는 여가활동

③ 노래, 음악연주 등의 음악활동

④ 영화・비디오 감상

⑤ 댄스스포츠, 포크댄스 등의 무용활동

⑥ 바둑, 장기, 카드 등의 실내 게임 활동

⑦ 원예, 실뜨기 등의 공예활동

⑧ 과자・케이크 만들기 등의 간단한 요리활동

⑨ 사진, 그림, 서예 등의 미술활동

⑩ 시・수필 짓기 등의 문예활동

⑪ 쇼핑, 친구랑 대화하기 등의 사교활동

⑫ 지금까지 나열한 활동 이외의 사회적으로 가치가 있는 활동

(2) 치료요법으로서의 레크리에이션

앞 장에서 언급한 바와 같이 대상자에 대하여 적절한 레크리에이션 활동은 그 과정이나 결과에서 인간의 정신이나 신체에 긍정적인 영향을 끼친다. 즉, 정신이나 신체의 조절이 양호한 상황의 경우에는 대상자들의 인간관계가 확산되고 사회성이 발달되어져 간다. 그리고 그러한 사회관계에 있어서 적절한 역할을 획득하게 되고 사회적 유능감을 느끼게 하며, 그것이 바로 삶의 보람을 창출시키게 된다.

여기에서 그러한 유용성을 의료・보건 또는 사회복지 서비스의 차원에서 '치료요법'으로서 활용하는 것이 가능하게 된다. 신체장애인에 대해서 잔존기능의 유지 및 발달에 스포츠를 비롯한 여러 신체활동요법은 적당하다고 할 수 있겠다. 한편 정신장애인에 대하여는 음악이나 무용요법이 정신적으로 기분전환이 될 수 있을 것이다. 그리고 정서적인 측면에서 여유로움이 생기고 생활자로서의 존재가 가능하게 될 것이다. 여기에서는 이상과 같은 이론으로부터 레크리에이션 활동을 치료의 하나로 간주하는 방법을 '레크리에이션 요법' 또는 '치료 레크리에이션 요법'이라고 하며, 구체적으로 살펴보기로 하겠다.

(가) 회상법

즐겁고 유쾌한 '대화'는 상호간의 사회적 유능감을 확인시켜 주며, 내일의 희망을 자각시켜 줄 수 있는 가치 있는 활동 중의 하나로 평가할 수 있다. 이러한 '대화'에 대한 가치를 충분히 인식하고, 유쾌한 분위기에서 참가자들이 서로 자신의 인생을 회상하는 것을 지도하고 서비스하는 프로그램으로서 '회상요법'이 최근 들어 주목받고 있다. 복지 레크리에이션 지도자들이 초보적인 기술을 가지고 할 수 있는 치료기술

중의 하나이다. 여기에서는 소그룹에 의한 상호회상에 대한 설명을 하도록 하겠다.

소그룹에 의한 회상(reminiscence)은 여러 가지 도구(사진, 서적, 영화, 놀이도구 등)를 이용하여, 소그룹의 참가자들이 서로에게 자극을 교환하면서 자기를 회상시켜 가는 고령자에 적합한 치료요법이다. 레크리에이션 활동으로 지도할 때에는 그 '즐거움, 기쁨'을 잃어버리지 않도록 진행시켜 나가는 것이 중요한 기술 중의 하나이다.

회상요법 중의 가장 대표적인 방법에는 '정보적 회상'이 있다. 즉, 과거의 여러 일들을 회상하여 이야기하는 것에 의해, 기쁨을 느끼고, 자기평가를 강화시켜 가는 것이 가능한 프로그램이다. 이러한 회상을 기반으로 하여 지금부터 계속적으로 인생을 잘 살아갈 수 있는 생활양식을 실현해 가는 것이 목표가 되게 유도한다.

(나) 음악요법

참가자들의 심신의 상황에 적합한 음악(듣기, 부르기, 악기연주 등)은 쾌적한 자극이 되어 정신과 신체에 긍정적으로 작용한다. 이를 구체적으로 나열하자면 다음과 같다.

① 리듬을 느끼면서 손발을 움직인다.
② 정서적 측면에서 변화를 준다.
③ 상상력을 촉진시킨다.

④ 정신활동을 활발히 한다.
⑤ 일상생활에 리듬감을 준다.
⑥ 신체활동을 촉진하거나 제어해 준다.

이렇게 음악은 인간의 생리적・심리적 측면에 많은 영향을 미친다. 한편, 음악은 집단으로 즐길 수 있다는 점에서 참가자의 가족, 봉사자, 친구 등의 상호작용을 촉진하는 효과가 크다고 말할 수 있다.

이러한 특성을 가지고 있는 음악을 고령자 또는 심신장애인의 치료에 응용하는 방법을 '음악요법'이라고 한다. 이러한 음악요법은 1940년대에 미국의 미시간대학에서 교과과정으로 도입된 것을 시작으로 현재는 미국 내의 여러 대학에서 강좌를 개설하고 있으며, 많은 전문적 음악요법 지도자들을 배출하고 있다. 우리나라에서도 여러 대학에서 음악치료과정을 개설하고 있으며, 음악전문치료사를 양성하고 있다. 그러나 다른 선진 복지국가들과 비교하면 아직은 상당히 부족한 실정이다.

(다) 무용요법

위에서 말한 음악적 요소(템포, 리듬, 멜로디 등)에 적절한 신체의 움직임을 구성한 것이 무용요법이다. 이 요법은 1940년대 후반에 워싱턴 D. C.의 세인트 엘리자베스 병원에서 정신질환자들을 대상으로 창시되었다고 한다. 그리고 1964년에는 미국 댄스요법협회가 발족하여 '댄스요법사'의 자격제도가 정비되었다. 무용은 인간의 신체・정신, 그리고 사회적 관계에 긍정적인 영향을 준다는 것은 누구나 알고 있는 사실이다. 우리나라에서도 이러한 영역에서의 전문적인 연구가 활발히 이루어져야 할 것이다.

5) 치료 레크리에이션 원리

(1) 치료와 레크리에이션

레크리에이션에는 사람의 질병이나 피로에서 회복시키는 효과가 있다. 레크리에이션이란 단어는 "다시 고친다"라는 의미가 포함되어 있으며, 부서진 물건 등을 원래 상태로 만드는 것, 질병에서 회복하는 것, 피로를 기분전환 등을 통하여 회복시키는 것 등의 역할을 담당해 왔다. 중세 영어의 레크리에이션의 의미 중의 하나로 "공복 중에 영양가 있는 음식을 섭취하여 원기를 회복한다"라는 말도 있다.

레크리에이션은 원래, 인간의 심신을 보다 좋은 방향으로 이끄는 의미를 내포하고 있다. 마이너스에서 제로로, 다시 제로에서 플러스로 보다 긍정적인 방향을 향하게 하는 것이 레크리에이션의 역할 중의 하나이다. 여기에서 마이너스에서 제로까지의 단계를 "치료"란 단어로 표현하고, 제로에서 플러스의 단계를 넓은 의미에서 교육이란 단어로 표현할 수 있다.

레크리에이션이 '치료요법'으로서 사용되는 경우는 먼저 정신병의 영역에서 시작되었다. 예를 들면 분열증의 환자에 대하여 커뮤니케이션 회복을 수단으로 하여 레크리에이션을 적극적으로 체험하게 하는 경우가 있다. 중증의 분열증 환자는 외부세계와 교류하는 것이 불가능하지만, 회복하게 되면 공 던지기와 같은 게임이 가능해진다. 이 단계에

서 여러 가지 교류가 가능한 레크리에이션을 실시하면 회복을 빠르게 하는 효과를 기대할 수 있다. 레크리에이션 요법은 정신의 활성화를 촉진시키는 소재로서 레크리에이션을 일종의 '향정신제'로 활용하는 방법에 입각하여 계획적으로 환자의 생활에 여러 가지 레크리에이션을 '처방'하여 간다. 그 효과를 측정하는 것은 그리 쉬운 일은 아니기 때문에 레크리에이션 요법이 아직까지도 불충분하다고 할 수 있다. 그러나 정신병 환자들을 격리만 하거나, 약물복용만 시키거나 하지 않고 가능한 한 자연적인 치료를 실행하려고 한다면, 레크리에이션은 보다 적극적인 활용소재가 될 수 있다.

레크리에이션의 치료적 효과는 정신적인 면뿐만 아니라 신체적인 면에서도 나타난다. 특히, 신체적 기능이 정상적으로 작용하지 않을 때에 그 기능 회복을 레크리에이션을 통하여 할 수 있다. 신체적인 기능회복훈련은 일반적으로 "재활"의 용어로 불려지고 있지만, 그 중에서도 레크리에이션, 즉 재미가 있는 모든 활동의 존재가치는 결코 적지 않다는 것이다. 예를 들면 보행훈련을 혼자서 목발에 의존하여 하는 것은 의욕을 잃기 쉽다. 주위 사람들과 같이 걷는 연습을 게임으로 즐기는 프로그램을 실시하면 참가의욕도 높아지고, 서로 웃고 즐기는 가운데 신체기능을 회복하게 되는 것이다.

일반적으로 치유에 대한 노력을 지탱할 수 있는 에너지를 도출시키기 위해서 놀이가 가지고 있는 쾌락과 커뮤니케이션을 활용하는 것은 가장 효과적이다. 레크리에이션은 "재미있는 치료"란 성격을 가지고 있으며, 환자나 장애인에 대해 치료적인 레크리에이션을 제공하는 것이 더욱 중요하다고 할 수 있다.

(2) 치료 레크리에이션의 발전

레크리에이션이 치료와 밀접한 관계를 가지고 있다는 것은 많이 알려진 사실이지만, 치료를 중심으로 한 '레크리에이션 치료'와 치료와 레크리에이션의 상호보완적인 관계를 중심으로 한 '치료 레크리에이션'의 두 영역을 구별하여 생각하는 것이 중요하다. 전자는 어디까지나 활동의 주체를 '치료'에 두는 요법이고, 주로 정신의료 분야에서 사용된다. 후자는 장애인의 기능회복 프로그램으로 사용되고, 특히 미국을 중심으로 발전되어 왔다. 치료 레크리에이션의 유명한 학자인 일본의 스즈키(鈴木秀雄)는 치료 레크리에이션을 "질병의 회복을 촉진시키고, 사회적·신체적·정서적·정신적 건강을 증진하기 위하여 사용되어지는 여러 가지 의학적 방법을 레크리에이션과 연계한 형태"로 정의하고 있다. 의학적인 입장과 레크리에이션의 입장을 종합한 인간개발 프로그램이 바로 치료 레크리에이션인 것이다.

이에 치료 레크리에이션은 단순히 장애를 가진 사람을 위해서 존재하는 것이 아니라 치료에서 교육에까지 인간의 능력 개발 과정을 지원하는 것으로서 모든 사람들에게 제공하여야 하는 것이다. 건강한 사람도 고령기를 맞이하면 어딘가의 장애를 가지는 경우가 많다. 이러한 때의 예방조치를 사전에 준비하기 위해서도 치료 레크리에이션을 포함한 레크리에이션 프로그램을 추진하는 것이 의미가 있다. 일반적인 레크리에이션과 치료 레크리에이션을 유기적으로 연결지어 생각할 수 있는 관점이 중요하다.

이러한 배경으로 미국에서는 이미 1956년에 치료 레크리에이션 지

도자 자격증제도를 발족시켰다. 이것은 병원에서의 레크리에이션 전문직을 대상으로 한 임의적인 제도였지만, 이후 치료 레크리에이션에의 사회적인 인지도 확산되어 1970년대에는 대학에서의 전문교육을 전제로 한 보다 본격적인 자격인증제도가 정비되었다. 현재, 미국에서의 치료 레크리에이션 스페셜리스트는 학사 또는 그 이상의 자격을 가지고 있으며, 치료 레크리에이션을 전공한 자이거나 혹은 레크리에이션을 전공한 후 치료 레크리에이션 실무경험을 2년간 습득한 자 등 전문적인 교육을 받은 자에 한해서 그 자격이 주어진다. 또한 자격증을 소지한 자만이 여러 관련기관의 치료 레크리에이션 전문직으로서 일할 수 있다.

가까운 일본에서도 치료 레크리에이션 분야가 복지영역에서 점점 확산되어 가고 있는 추세이다. 그러나 우리나라는 아직까지도 치료 레크리에이션 영역의 전문성의 확립이 부족한 상태이기 때문에, 치료 레크리에이션의 활성화가 필요하다.

(3) 치료 레크리에이션의 단계

치료 레크리에이션의 목적은 개인에 있어서 최적의 레크리에이션 활동이 그 사람의 생활전반과 밀접한 관계를 가질 수 있도록 생활습관의 개발 및 유지 · 촉진하는 계기라고 할 수 있다. 그 목적을 달성하기 위해서 다음과 같은 세 가지 형태가 대상자의 상황에 부합하여 활용되고 있다.

① 개인에게 필요한 기초적 기능의 회복 및 획득(치료적 단계)
② 자기의 레크리에이션관 육성(학습적 단계)
③ 자주적인 레크리에이션 활동의 실시(사회 참가적 단계)

이와 같은 세 가지 형태를 통하여 최종적으로는 장애를 가지고 있는 사람이 "자신에게 있어서도 사회적인 면에 있어서도 가치 있는 레크리에이션 활동을 스스로 선택하고, 그 결과로서 인간다운 질을 높이는 것"을 그 목표로 하고 있다. 이하 각 단계에 대해 구체적으로 살펴보기로 하겠다.

첫째, 치료적 단계에서의 치료 레크리에이션 서비스의 목적은 각각의 운동 능력, 지적 능력, 사회적 적응력의 회복이나 재획득이다. 여기에서 레크리에이션 능력의 토대가 되는 치료적 효과를 기대할 수 있는 프로그램이 구성된다. 먼저 장애(제1차 장애)의 치료과정을 원활히 할 수 있도록 분위기나 동기부여를 할 수 있는 활동이 실시된다. 다음으로 제1차 장애에서 발생할 수 있는 두려움 등의 합병증을 방지하는 것도 중요한 과제이다. 장애를 가진 것에 대해 정서가 불안정하게 되거나, 감정표현에 지장을 주거나 하지 않도록 레크리에이션을 통하여 새로운 도전정신을 기르는 것이 중요하겠다. 이와 더불어 대상자에게 여러 가지 레크리에이션 체험을 제공하여 자기 자신의 잠재 능력을 발견할 수 있는 기회를 제공하는 것도 중요한 의미를 지닌다.

둘째, 학습적 단계에서는 적극적인 레크리에이션관을 확립하여, 자유시간을 보내는 방법과 내용을 활성화하는 것이 목적이다. 대상자들이 자신에게 적합한 레크리에이션 활동을 선택하고, 생활에 정착될 수 있도록 정보나 체험의 기회를 제공하는 것이 구체적인 내용이라 할 수 있다. 이러한 것을 통하여 대상자는 자유시간 중의 행동에 책임을 가지고, 그 개선을 스스로부터 추진할 수 있는 힘을 몸에 익히게 하는 것이

가능해진다. 그러한 것에 의해 긍정적인 자기의식을 확립할 수 있는 것이다.

셋째, 사회 참가적 단계에서는 대상자가 장애에 의한 기본적인 기능의 제한을 극복하고 자신의 레크리에이션관에 기초하여, 지역사회에 있어서 레크리에이션 활동에 적극적으로 참가할 수 있을 때까지 지도하는 것이 목적이라 할 수 있다. 이를 위해서는 장애인의 자주적인 레크리에이션 활동을 지원하는 것과 동시에 사회적으로도 여러 레크리에이션 활동에 대한 부족한 부분을 없애고, 정상인이나 장애인이나 서로 마음을 열고 교류할 수 있도록 제반 조건을 정비할 필요가 있다.

3. 레크리에이션 프로그램 지도

1) 레크리에이션 프로그램 지도의 목적

레크리에이션 지도는 다양한 활동(게임, 음악, 무용, 스포츠, 야외활동 등)과 참가자(레크리에이션의 주체)들을 연결하고, 참가자들이 여러 가지 레크리에이션 활동을 스스로 즐길 수 있게 활동을 제공하고, 기술을 지도하는 것 등을 말하는 것이다. 따라서 레크리에이션 지도자는 단순하게 레크리에이션 소재를 이해하고, 그 기술을 익히는 것뿐만 아니라, 개인과 집단에 대한 지식과 지도를 통하여, 즐거움과 재미를 참가자들과 함께 공유하는 것을 목적으로 하여야 한다.

2) 레크리에이션 지도자의 자격

레크리에이션 활동의 구체적인 지도 방법은 체험과 학습을 통해서 배우고 익혀야 하기 때문에 이를 지도할 지도자가 필요하다. 지도자는 누구에게나 평등하게 기회를 제공하고, 물질적 · 정신적인 마당을 제공하여 생활습관을 계몽하고 참가자 모두가 만족할 수 있도록 도와주어야 한다. 이러한 목적을 이루기 위해서는 지도자로서의 자격이 필요하다. 레크리에이션에 관한 기획, 프로그램 진행, 관리 등을 성공적으로 수행하느냐 못하느냐의 여부는 오직 지도자의 역량에 의존한다. 레크리에이션의 발상지라 할 수 있는 미국 레크리에이션 협회에서는 레크리에이션 지도자의 자격을 다음과 같이 설정했다.

① 개인의 가치와 존엄성을 인정하려는 의식
② 사람들의 흥미나 요구에 대한 이해
③ 생활의 기쁨이나 사는 수단에 대한 이해 및 그것을 실천하려는 열의
④ 유머
⑤ 봉사하려는 의욕
⑥ 창조적 표현을 통해 개인의 성장 및 발달에 대한 관심
⑦ 다른 사람의 의견 및 개성에 대하여 가지는 호의적인 태도
⑧ 예리한 통찰력
⑨ 민주적으로 사물을 보고 운영해 나가는 능력
⑩ 민주적인 진행 방법과 자신의 가치에 대한 확신
⑪ 기분 좋은, 또는 호의적인 성격
⑫ 조직력
⑬ 생산적 에너지와 열의

⑭ 사람들과의 협조성

⑮ 심신의 건강

3) 레크리에이션 지도자의 준비 사항

① 프로그램 전에 행사를 할 수 있는 장소를 선택해야 하며, 참가자의 성격을 파악하여 연령과 지위를 초월시킴으로 행사 분위기를 살려야 한다.

② 프로그램에 있어서 게임의 내용을 완전히 소화하고, 짧은 시간 내에 참가자를 이해시키고, 경우에 따라서는 임기응변할 수 있는 사전 준비가 되어 있어야 한다.

③ 프로그램은 활동적이고 의욕적인 것이어야 하고, 특수한 분야에 대한 것보다는 대중적인 것이 많아야 한다.

④ 프로그램에 의미를 부여함으로써 참가자의 지적 향상 및 레크리에이션의 특수성을 갖게 하고, 여가 선용을 주장해야 한다.

⑤ 피곤해 해선 안 되고 진행 도중 절대로 화를 내지 말고, 항상 활동적이고 명랑한 분위기를 만들어야 한다.

⑥ 프로그램에 있어서 창작적 요소가 많은 것을 가르쳐 주어야 한다.

⑦ 경험이 많아야 하며, 새로운 게임은 장단점을 찾아내어 실용화한다.

⑧ 안전사고에 대비를 한다.

⑨ 행사가 끝난 다음에는 반드시 평가하는 습관을 가짐으로써 다음에 대처할 수 있는 마음가짐을 갖는다.

⑩ 행사에 관한 모든 것을 문서화시키고, 다음 행사에 대비한다.

4. 레크리에이션 프로그램 지도의 실제

1) 지도자의 언어 구사

(1) 대중 스피치

그룹게임 지도의 경우는 비교적 참가자들이 많은 편이다. 따라서 보통 대화와는 달리 커뮤니케이션이 어려워진다. 익숙하지 않은 상황에서는 사람들 앞에 서 있는 것만 해도 긴장하기 쉽다. 먼저 다음과 같은 사항을 참고해 보자.

① 말솜씨가 없다고 생각한다.

자신이 말솜씨가 없다고 걱정하는 것은 사람들 앞에서 실현하려고 하는 동기가 너무 강하기 때문이다. 이와 반대로, 말솜씨가 좋은 사람이라도 참가자 모두에게 호감을 갖게 하지는 못한다는 것을 생각하자.

② 언제라도 처음으로 준비하는 마음을 갖자.

말의 경험이 많으면 많을수록 타성에 젖기 쉽다. 언제라도 초심으로 돌아가는 준비를 하자.

③ 의도를 정확히 전달하는 노력을

긴 설명이건 짧은 설명이건, 자신이 참가자에게 무엇을 전달하려고 하는가를 머리에 잘 새겨 둘 필요가 있다.

④ 소재를 풍부하게 갖고 있다.

평상시에 말의 재료가 될 수 있는 것, 예를 들어 어울리는 것 등에 신경을 써서 기억해 둔다. 이런 축적이 보다 좋은 말을 만들어 준다.

⑤ 자신의 열의를 전달한다.

모두가 게임을 재미있게 하려고 하는 열의가 참가자들에게 전달될 수 있도록 전력을 다하는 것이 중요하다.

⑥ 너무 길게 이야기하지 않도록 한다.

자신의 말에 분위기를 타서, 자칫하면 이야기가 길어지게 되거나, 예정된 시간을 오버하는 경우가 생기게 된다. 시간 내에 끝내는 것을 조건으로 생각하지 않으면 안 된다.

(2) 말의 사용

자신의 말버릇, 말의 사용 방법 등은 게임의 재미, 전체의 분위기에 큰 영향을 미치게 된다. 다음과 같은 점을 유의하여 살펴보자.

① 명료한 말로서

인원이 많아질수록 참가자가 이해하지 못하는 경우에도 질문을 하지 않고 그대로 게임을 진행하는 경우가 많다. 어려운 말, 애매한 말을 피하고 천천히 설명하도록 한다.

② 자신의 버릇을 안다.

누구라도 말버릇을 가지고 있다. 그러나 지나치게 같은 말을 반복하게 되면 듣기 싫어지게 된다. 주의할 말버릇의 예를 살펴보도록 하자.

"에…", "음…", "말하자면…", "왜냐하면…", "…라고 생각되어집니다." 등.

③ 대상에 맞추어서

참가자가 어린이라면 어린이가 이해할 수 있는 말을 사용하고, 어른이라면 어른에 맞는 말의 사용이 필요하다. 어른 중에서도 연령에 따라 언어의 사용을 적절하게 하여야 한다.

④ 긍정적 · 자발적인 말을

"여기 안에서 합시다"(긍정적), "여기에서 나가면 안 됩니다"(부정적), "이것을 합시다"(자발적), "이것을 가르쳐드리겠습니다"(강제적) 등을 생각해 둘 필요가 있다.

⑤ 바람직하지 못한 화제는 피한다.

다음과 같은 것은 가능한 한 피하여 말하는 것이 좋다. 사람의 육체적 결점에 대한 것, 과거의 비밀이나 생각하고 싶지 않은 것, 불결한 화젯거리, 직업 · 학력 · 사상 등을 비웃는 것, 속어 · 유행어 등을 너무 많이 사용하여 말하는 것은 피하여야 한다.

(3) 발성 방법

그룹게임 지도에 있어서 발성 방법과 사용법에 대해서도 매우 중요하다. 다음과 같은 점에 주의하자.

① 조건에 맞는 성량을

참가자의 인원과 장소의 크기, 게임의 내용 등에 맞는 적절한 성량으로 말하는 것이 중요하다. 너무 큰 소리로 말하면 오히려 소음으로 들리게 된다. 전원에게 들릴 수 있는 정도의 크기를 미리 체크해 둔다.

② 자신의 소리는 작다고 생각하지 않는다.

소리가 선천적으로 작다고 생각하는 지도자가 있다. 발성은 훈련에 달려있다. 성량이 작다고 생각되는 사람은 큰 소리를 지르는 훈련이 효과적이다.

③ 배에서 나오는 소리를 낸다.

큰 소리로 말하게 되면, 빨리 목이 쉬게 된다. 이것은 입과 목으로밖에 소리를 내지 않는 경우가 많다. 특히, 게임의 처음 지도가 중요하다. 이때에는 배에서 나오는 소리로 의식하여 발성하는 것이 중요하다.

④ 소리의 높이를 생각한다.

높은 소리의 사람이나 낮은 소리의 사람이 있지만, 힘 있고 부드러운 소리가 적당하다. 일반적으로 여성은 소리가 높은 사람이 많다. 지도에 열중하게 되면 점점 소리가 높게 되기 마련이다. 이런 경우를 조심하지 않으면 안 된다.

⑤ 발성에 따라 움직임이 변한다.

발성에 따라 참가자의 움직임이 변하게 된다. 기민한 동작을 요구하는 때는 강한 어조로 말하고, 반대로 조용한 소리는 동작을 완만히 하는 경향이 있다.

⑥ 말끝을 확실히 한다.

일반적으로 말끝에는 작고 빨리 말하게 된다. 이것을 의식하여 분명히 말할 수 있도록 하자.

(4) 예령과 구령

사람이 모이거나 해산하는 경우, 대형을 바꾸는 경우 혹은 체조나 리듬을 타면서 몸을 움직일 때 등 집단게임에 있어서 구령을 하는 경우가 많다. 그룹의 분위기는 이런 구령의 방법에 따라 크게 변화한다. 다음과 같은 몇 가지의 유의점을 살펴보자.

① 똑부러진 소리로

어느 장소로 모이게 하려고 할 때는 "이쪽으로 모입시다!"라고 될 수 있는 한 똑부러진 소리의 구령을 하면 참가자의 움직임이 빠르게 된다. 이와는 반대로 "여-기-에 모여-주-세요!"라고 천천히 힘없이 말하면 사람의 움직임도 느려지게 된다.

② 짧고 큰 소리로

작은 소리로 형용사가 많고, 길게 이야기하는 것은 참가자가 이해하기 어렵다. 의도를 명확히 하는 말로써 명료하게 가능하면 큰 소리로 구령하는 것이 좋다.

③ 1, 2, 3 등 숫자는 최소한으로

체조를 할 때, 그 밖의 몸을 움직이는 게임 등에서는 자주 구령을 붙이게 된다. 이런 경우에도 가능한 한 1, 2, 3, 4 등의 숫자를 적게 붙일 필요가 있다. 손을 들 때에는 리듬을 붙이면서 "예, 위로!"라든지 "크게 돌리고"

등, 동작이 참가자에게 있어 확실히 알 수 있도록 구령을 붙이는 것이 좋다.

④ 동작에 맞는 구령을

같은 구령을 붙인다 해도 힘을 넣고 싶을 때나 게임을 끊고 싶을 때는 힘 있는 목소리로, 부드러운 동작이나 기분을 전환시키고 싶을 때는 부드러운 구령을 붙일 필요가 있다. 구령에 억양이 없어서는 안 되겠다.

(5) 유머와 상황 멘트

프로그램 진행에 있어서 지도자의 상황 멘트는 마치 음식의 맛을 살리는 조미료와 같은 것이다. 그리고 프로그램의 사이사이를 부드럽게 연결시켜 주는 고리의 역할을 하기도 하는 한편, 참가자들을 압도할 수도, 지루하게 할 수도 있다. 그렇기 때문에 지도자의 멘트는 주어진 여건과 상황에 따라 탄력성 있게 진행하되 가급적 짧은 것이 좋다. 여기에서는 지도자의 상황 멘트에 대한 예를 간단하게 소개해 보도록 하겠다.

① 주관 없이 사는 사람들에 대하여…

"자신의 생각대로 살아야 한다. 그렇지 않으면 결국은 자기가 사는 대로 생각하게 된다."

② 할 일을 차일피일 미루는 사람들에 대하여…

"내가 할 일을 하지 않으면, 내가 해야 할 일들이 나를 찾아다닐 것이다."

③ 사랑에 대하여…

"연애란 우주를 단 하나의 사람으로 줄이고, 그 사람을 신에 이르기까지 한다."

④ 행동이 따르지 않는 사람에 대하여…

"오랫동안 사색하고 있는 사람이 언제나 최선을 선택하는 것은 아니다."

⑤ 일확천금을 노리는 사람에 대하여…
"인간의 행복은 어쩌다 얻게 되는 큰 재산보다는 매일 매일의 작은 이익에서 생긴다."

⑥ 팀워크와 단결을 위하여…
"개미 천 마리가 모이면 맷돌도 든다."

⑦ 인생에 대하여…
"젊은이는 희망에 살고 노인은 추억에 산다."

⑧ 독서와 정보수집에 게으른 사람에 대하여…
"지식에 투자하는 것이 가장 이윤이 높다."

⑨ 칭찬과 책망에 대하여…
"칭찬은 남들이 있는 앞에서 책망은 남모르게 해야 한다."

⑩ 첫인상에 대하여…
"눈은 입만큼 말을 한다. 첫 대면의 3초는 첫인상이고 이 첫인상은 반영구적인 편견을 만든다."

⑪ 행사를 시작할 때

큰 소리로 "안녕하세요?"라고 인사말을 건네며 박수와 함성을 유도한다.

⑫ 분위기를 잡을 때

박수로 유도, 박수를 치며 다같이 할 수 있는 노래를 합창한다.

⑬ 분위기가 산만할 때

"다같이 박수 세 번 시작! 거기 계모임 있나요?", "난리도 아니네요, 거기 뭐 좋은 일 있습니까?"

⑭ 자신을 소개할 때

자기 이름을 간단히 소개한다. 자기소개를 거창하게 한다.

⑮ 호응을 하지 않을 때

건강에 대한 게임을 진행한다.

⑯ 진행자에게 안 좋은 말을 할 때

"설마, 저에게 하신 것은 아니겠지요?"

"오늘날, 저런 분들이 없었던들 우리가 무슨 재미로 살겠습니까?" "저분을 위해 다같이 박수!", "근데 정말 무슨 재미로 살죠?"

⑰ 지명을 받고 노래를 안 할 때

박수를 쳐서 나오게 한다. "○○○의 명가수 ○○○를 소개합니다. 오늘 저분이 2차로 한턱내실 모양입니다. 기대해 보도록 하죠?"

⑱ 노래하다 실수를 한 사람에게

"실수는 누구나 할 수 있다는 것을 잘 보여주셨습니다. 너무 실망하지 마세요. 살다보면 이런 일 저런 일이 있기 마련이니까요. 역시 안 되는 사람은 안 되는군요."

⑲ 새 옷을 입은 사람에게

"분위기에 무척 잘 어울리십니다. 오랜만에 빼입으셨습니다. 평소엔 어떻게 하고 다니시는지 궁금해지는군요."

⑳ 노래할 사람을 소개할 때

"○○○의 명가수 ○○○를 소개합니다. 지금 막 순회공연을 마치고 돌아온 가수 ○○○씨를 소개합니다."

㉑ 양 팀 점수 차가 많이 날 때

"지고 있는 팀을 위해 찬스게임을 하겠습니다. 정신 차리십시오. 언제나 막판뒤집기란 것이 있는 것이니까요."

㉒ 상품을 밝히는 사람에게

"형편이 어려운신가보죠?", "실리적인 분이시군요", "물욕에 광란을 하시는 군요. 물불을 못 가리고 계십니다."

㉓ 게임을 설명할 때 떠들면

박수로 유도, "여기가 남대문시장인지 착각하시는 분들이 너무나 많습니다. 이보세요! 아! 시끄러워요!! 네 모두 소화하시리라 믿고 게임을 시작할까요?"

㉔ "불만 있습니다."라고 항의하는 사람에게

"네! 담배 여기 있습니다."

㉕ 박수 소리가 작을 때

양팀을 나누어 대결시킨다. "이렇게 해서야 회사(학교)의 명예를 걸 수 있겠어요? 단합이 얼마나 잘되었는지 여러분의 박수 소리와 함성으로 측정하겠습니다."

㉖ 버스에서 게임시 조는 사람들에게

"저분은 어젯밤에 무리하셨나보죠? 옆에 계신 분들이 그 사람 속옷 좀 확인해 주시겠습니까? 얼마나 편한 속옷을 입었는지?", "많이 피곤하신가 봅니다. 한잠 주무시고 나면 좀 나아지실 겁니다."

㉗ 디스코 타임에 참여를 독려할 때

"남을 의식하지 않는 그 의지 역시 한국인이십니다."

㉘ 게임에 대해 다시 설명을 요구할 때

"이보세요, 낮잠주무셨어요? 그렇다면 옆 짝에게 물어 보세요. 그 짝도 모르면 그런가 보다 하고 곁눈질로 따라하세요."

㉙ 참가자들끼리 말다툼을 할 때

"저기에 링 하나 만들어 주세요. 저기에 글러브도 갖다 주세요."

㉚ 동작을 할 때 꿈적하지 않는 사람에게

"누가 맷돌로 짓누르고 계신가 보죠? 네, 이해가 갑니다. 배둘레햄의 타격이 그렇게 클 줄이야. 다같이 고함 한번 질러 봅시다."

㉛ 실언을 했을 때

"앗! 나의 실수. 입에 교통정리가 안 되니 이런 체증이…."

㉜ 각 팀의 선수나 술래가 나오지 않을 때

"팀장 모시고 나오세요. 본인이 멋지다고 생각을 잘못하고 계시는 분은 아무 생각 없이 나와 주시기 바랍니다. 상품이 있습니다."

㉝ 대형을 바꾸고자 할 때

"지금부터 기분을 약간 바꿔 보겠습니다." 율동과 노래를 하며 대형을 바꿔 본다.

㉞ 도중 참가자들이 자리를 뜰 때

"화장실 가세요? 5초 이내로 다녀오세요." "급하신 용무가 계신가보죠? 신중하게 해결하고 오시기 바랍니다." "핸드폰 왔다고 호출왔나보죠?"

㉟ 진행자가 노래 부탁을 받았을 때

"왜 이제야 시키세요? 얼마나 기다렸는데…", "네, 감사합니다! ○○○의 명가수 2개의 앨범을 내고 여태 한 판도 팔지 못하고 있는 ○○○라고 합니다. 끝나고 팬 서비스 차원으로 사인회도 있겠습니다."

㊱ 지적받은 사람이 나오면서 많은 환호성을 받을 때

"사람들을 모두 풀어 놓으셨군요. 섭외비 얼마 드셨나요?", "이런 환호가 나오기란 정말 힘든데 여하튼 대단하십니다. 아무래도 지갑이 두껍지 않을까 하는 게 저의 소견입니다."

㊲ 조용한 노래로 분위기를 썰렁하게 했을 경우

"네! 한을 품고 열창을 해주셨군요."

㊳ 춤을 잘 추는 사람에게

"완전히 한풀이군요. 도대체 원하는 게 뭡니까?", "스트레스 많이 쌓이셨나보죠? 아주 본전을 뽑고 계시는군요."

㊴ 맘에 들지 않는 사람과 파트너가 되었을 때

"팔자소관입니다. 너무 그렇게 생각하지 마십시오. 상대방도 당신과 생각이 같다는데…."

㊵ 적극적인 사람에게

"건강한 비결을 잘 알고 계시는 분이시군요." "주택복권이 당첨되셨나봐요?"

2) 지도자의 위치

(1) 지도자의 위치

그룹게임에 있어서, 지도자가 적절한 위치에 서있는 것은 프로그램을 원활히 이끄는 것뿐만 아니라 위험 방지, 분위기 조성 등에 대단히 중요한 역할을 한다. 그 원칙은 참가자들이 지도자를 보는 것이 가능하고, 지도자가 참가자 전원을 파악할 수 있는 장소에 위치하는 것이다. 상황에 따라 다소 차이가 있겠지만 그 구체적 예를 들어보기로 하겠다.

① 원대형의 경우

원에서 내측 방향의 경우는 원주를 따라 선다. 자주 원의 중앙으로 위치하는 것을 보지만, 이것은 적절하지 못하다. 다만, 원에 있어서 참가자가 움직일 때에는 원의 내측에 들어가 대면적으로 되면 좋다.

② 열대형의 경우

횡대형의 경우는 열의 양 끝에서 보아, 약 45도 정도의 위치가 좋다. 종대형의 경우는 어느 쪽인가의 끝에 위치한다. 이 경우 때로는 반대쪽 끝으로 이동하는 것이 좋다.

③ 릴레이 대형의 경우

반환점과 각 팀의 앞쪽과 중간의 어느 쪽의 옆에 위치하고 있으면 좋다.

④ 자유대형의 경우

참가자 전원을 파악할 수 있는 장소에 위치한다. 원형의 그룹이 많이 있는 경우는 지도자의 이동이 필요하다.

⑤ 지형에 따른 배려

높이의 차가 있는 장소에서는 지도자는 낮은 위치에 선다. 집, 도로 등이 근접해 있는 경우에는 지도자는 그것을 바라보는 위치에 선다. 가능한 한 참가자들의 눈에 들어오지 않도록 하는 것이 좋다.

⑥ 자연조건의 배려

지도자는 태양을 향해 서고, 바람이 불 때에는 바람 부는 쪽으로 위치하지만, 이 경우는 상황판단을 적절하게 하는 것이 중요하다.

3) 지도자의 태도 · 습관 · 표정

(1) 표정과 제스처

일상생활의 어느 때라도 사람들은 말 이외의 커뮤니케이션을 가지고 있다. 그 대표적인 것으로는 표정이고 제스처라고 말할 수 있다. 특히 게임 지도의 경우는 지도자는 참가자와 직면한다. 지도자의 표정을 참가자는 끊임없이 주시하고 있다는 것을 생각해야 한다.

① 얼굴은 마음의 거울이다.

얼굴에 나타나는 표정은 말 그대로 감정의 표현이라고 할 수 있다. 자신이 느끼지 못하더라도 자신의 마음이 어두우면, 그 어두운 것이 얼굴에 나타난다. 참가자는 그것을 민감하게 느낀다. 또는 표정은 단순히 그 때만의 기분이나 감정을 나타내는 것이 아니다. 게임 지도의 수 시간 전이나 전일의 감정을 나타내는 것이라고 생각할 필요가 있다.

② 웃는 얼굴이 최대의 무기다.

무표정인 얼굴이거나, 어두운 얼굴로는 아무리 재미있는 게임이라 할지라도 효과적이지 못하다. 게임 지도의 기본은 웃는 얼굴이라는 것을 잊지 말자. 평상시에 웃는 얼굴을 하는 훈련이 필요하다.

③ 온몸으로 표현한다.

게임 중에 재미있었던 것, 기뻤던 것들은 가능한 한 온몸으로 표현하는 것이 중요하다. 그러나 너무 오버하지 않도록 주의하자.

④ 양손을 능숙하게 사용한다.

말을 사용함과 동시에 팔과 손의 동작을 표현하는 것이 바람직하다. 이 경우 가능한 한 양손을 사용할 것, 자신의 버릇을 너무 나타내지 않도록 주의하여야 한다.

(2) 올바른 자세

자세나 서는 방법은 표정과 함께 지도자에 있어 대단히 중요한 조건 중의 하나이다. 올바른 자세와 바르게 서는 방법은 사람들에게 호감을 가지게 한다. 그러나 이것들은 항상 될 수 있는 것이 아니다. 평상시에 자신의 습관을 잘 알아두는 것이 중요하다.

① 바른 자세가 기본이 된다.

바른 자세는 등과 허리를 쭉 펴고, 중심이 귀, 어깨, 고관절 그리고 무릎관절의 축의 약간 앞을 통과하여 발까지 오는 자세라고 할 수 있다. 바른 자세를 갖추기 위해서는 다음과 같은 점에 유의하여야 한다.

- 복근에 힘을 준다.
- 몸 전체를 약간 위로 끌어올린다.
- 등을 편다.
- 턱을 당긴다.

② 양 발에 무게를 둔다.

몸을 안정되게 하기 위해서는 양 발을 약간 넓혀서 서는 것이 좋다. 그 기본은 어깨 폭의 넓이 정도가 적당하다. 기저면이 좁으면 좁을수록 안정성이 결여되고, 타인에게 긴장감을 준다. 반대로 너무 넓게 해도 좋지 않다. 경우에 따라서는 양 발이 다소 앞뒤로 위치해도 상관없다. 구부정한 자세는 피로감을 나타내는 것이므로 좋지 않다.

③ 손의 위치에 주의한다.

손의 움직임은 마음을 표현한다. 일반적으로 몸 앞에 손이 있는 경우에는 분위기가 가라앉게 되고, 손을 뒤로 하면 뽐내는 느낌이 든다. 팔짱을 하거나, 주머니에 손을 넣는 것은 좋지 않은 자세이다.

(3) 올바른 복장

복장에 대해서는 개개인의 센스에 좌우되기 때문에 어떻다고 말하기는 어렵다. 그렇지만 다음과 같은 점에 유의하여야 한다.

① 배색을 생각하자.

보통은 두 가지 내지 세 가지 색 이내의 배색이 좋다. 그 이상이 되면 너무 눈에 띄거나 침착하지 못한 인상을 주게 된다.

② 내용과 분위기에 맞춘다.

집단게임을 하는 경우는 여러 가지이다. 예를 들면 체육관이거나 호텔이거나, 움직임이 격렬한 것부터 파티에서의 게임 등 다양하다. 그 분위기에 맞는 복장을 준비한다.

③ 몸매를 적당히 감추는 것

체형에 딱 맞는 것은 좋지 않다. 특히 외견상의 문제, 속옷의 문제 등도 고려해야 할 것이다.

④ 여벌을 준비한다.

언제 무슨 일이 생길지 모르므로 반드시 여벌을 준비하여 둔다.

(4) 시선의 처리

예부터 눈은 입처럼 마음을 나타낸다고 하였다. 그 정도로 눈의 움직임, 눈의 모양 등은 그 사람을 나타내기도 한다. 시선의 처리 방법에 주의를 기울이지 않으면 안 된다. 왜냐하면, 그것에 따라 참가자를 끌어당기는 것이 가능하고, 참가자의 반응을 빨리 캐치하는 것도 가능하다. 다음과 같은 점에 유의하자.

① 참가자 전체를 둘러본다.

어떠한 게임 대형에 있어서도 지도자는 참가자 한 사람 한 사람에게 시선을 주는 것이 중요하다. 그래서 적당한 장소를 선택하는 것도 필요하다.

② 특정의 사람을 자주 보지 않는다.

특히, 게임 설명을 하거나 이야기를 할 때에는 참가자의 반응을 잘 알 수 있다. 무표정인 사람, 아래를 보는 사람, 다른 사람에게 주의를 기울이는 사람 등 여러 가지이다. 그러나 지도자의 지시를 잘 따르거나 해서 그 사람만 계속 주시하는 것은 좋지 않다.

③ 다른 곳을 쳐다보지 않는다.

지도 경험이 적을수록 지도 도중에 천장이나 벽, 주위의 경치나 하늘 등에 시선이 자주 간다. 가급적 눈을 다른 곳으로 돌리지 않도록 주의한다.

5. 대상별 레크리에이션 프로그램의 실제

1) 유아를 위한 레크리에이션 프로그램

01 코, 귀 잡기

① 오른손으로 코 잡고, 왼손으로는 오른쪽 귀(X자로 엇갈려)를 잡는다.
② 리더의 "바꿔!" 구령에 왼손은 코, 오른손은 왼쪽 귀를 잡는다.
③ 또 한 번 "바꿔!" 구령에는 원위치.
④ 양손을 교차하면서 동시에 코, 귀를 잡기란 쉽지 않다.

02 큰 공 작은 공

① 지도자가 "작은 공" 하며 낮은 소리로 양손을 조그맣게 하여 가슴 앞으로 모아 내밀면 참가자들이 그대로 따라한다.
② 지도자가 "큰 공" 하며 큰 소리를 내며 가슴 앞에서 큰 원이라고 한다.
③ 지도자와 반대로 따라하도록 유도한다. 지도자가 "작은 공" 하면 참가자는 "큰 공"을 한다.
④ 지도자가 "큰 공"을 크게 외치며 동작을 작게 하면 참가자는 "작은

공"을 작게 외치며 동작을 크게 한다.

⑤ 지도자가 "큰 공"을 작게 외치며 동작을 크게 하면 참가자는 "작은 공"을 크게 외치며 동작을 작게 해야 한다.

03 칙칙폭폭

① 지도자가 먼저 "칙" 하면 대상자가 "폭"이라고 대답하도록 한다.

② 지도자가 "폭" 하면 "칙"이라고 대답하도록 한다.

③ "칙칙" 하면 "폭폭", "칙폭" 하면 "폭칙"이라고 전체적인 연습을 한다.

④ 일정 대상자를 선정하여 그 사람 앞에 가서 쉬운 단계에서 출발하여 어려운 단계로 넘어가면서 대상자가 틀리도록 유도를 한다.

04 땅 따당

① 지도자가 "땅!" 하고 오른손으로 총쏘는 시늉을 하면 모두 "따당" 하고 되쏘는 시늉을 한다.

② "따당!" 하면 반대로 "땅"을 해야 한다.

③ "땅 따당" 하면 "따당 땅"으로 응수를 해야 한다.

④ 아무나 막 지적해서 틀린 사람이 걸리도록 하거나, 둘씩 짝이 되어 서로 승부를 가리도록 한다.

05 머리 속의 시계

① 전원이 동시에 모든 사람에게 눈을 감게 한다.

② 15초 또는 30초를 정하고 대상들로 하여금 머리 속으로 짐작하여 정한 시간이 되면 손을 들거나 자리에서 일어나게 한다.

③ 가장 정확히 맞춘 유아에게 선물을 준다.

④ 버스 이동시에 활용해도 효과적이다.

06 뻔데기 박수

① 뻔(자기 손바닥 1회 치기)(1호),
데기(남의 손바닥 1회 치기)(1호)
② 뻔(1호)데기(1호)
③ 뻔뻔 데기데기(4호)
④ 뻔데기 뻔데기(4호)
⑤ 뻔뻔뻔 데기데기데기(6호)
⑥ 뻔데기 뻔데기(4호)
⑦ 뻔뻔뻔뻔 데기데기데기(8호)의
순으로 계속 증가시켜 나간다.

07 병아리의 일생(손유희)

① 엄마 닭이 알을 낳으려고 배가 아파요.(양손을 배에 가져다가 양 옆으로 흔든다.)
② 아빠 닭은 괜찮아, 괜찮아 100개만 나아.(양손을 쫙 편 채 흔든다.)
③ 3일이 지나 병아리가 탄생했어요.(오른손으로 주먹을 쥐었다 편다.)

④ 눈도 있다 삐약삐약, 코도 있다 삐약삐약, 하지만 배꼽은 없어.(오른손 검지로 눈을 가리키다가 코를 가리킨다. 마지막으로 배꼽을 지목하며 X자를 표시한다.)

⑤ 아빠 닭은 눈이 오나, 비가 오나, 바람이 부나, 천둥이 치나(손으로 눈 모양, 비 내리는 모양, 바람이 부는 모양, 천둥이 치는 모양을 그려나간다.)

⑥ 고양이가 우나, 돼지가 우나 어린 병아리를 지키고 있었어.(손으로 고양이 모습, 돼지 모습을 취하다 오른손으로 불끈 주먹을 쥐고 힘차게 파이팅을 한다.)

08 주전자(손유희)

① 저는(양손을 가슴에 모은다.) 주전자예요.(오른쪽 그림과 같이 주전자 모양을 취한다.)

② 손잡이도 있구요, 주둥이도 있구요, 뚜껑도 있어요.(해당하는 부분을 흔든다.)

③ 부글부글 끓으면 따라 주세요.(몸을 떨면서 앉았다 일어난다.)

④ 나는 찌그러진 주전자예요.

⑤ 손잡이도 찌그러졌고요, 주둥이도 찌그러졌고요, 뚜껑도 찌그러졌고요, 다 찌그러졌어요.

⑥ 부글부글 끓으면 따라 주세요.

(④, ⑤, ⑥은 ①, ②, ③과 동작은 같으나 찌그러진 주전자처럼 좀더 우스꽝스럽게 표현한다.)

09 펭귄 가족(손유희)

① 아빠 펭귄이 일을 한다.(양손 엄지손가락을 펴서 흔든다.)

② 쿵쿵 오오 쿵쿵 오오(주먹을 위아래로 치며 펭귄 날개를 만들어 좌우로 움직인다).
③ 엄마 펭귄이 요리를 한다.(검지손가락을 펴서 흔든다.)
④ 지글지글 오오 보글보글 오오(손바닥이 위를 보게 하여 손가락을 움직이고 날갯짓을 반대로 반복한다.)
⑤ 언니 펭귄이 화장을 한다.(중지를 펴서 흔든다.)
⑥ 똑딱 오오 똑딱 오오(한 손은 거울 들고 한 손으로는 화장을 한다.)
⑦ 형아 펭귄이 잠을 잔다.(약지를 펴서 흔든다.)
⑧ 쿨쿨 오오 쿨쿨 오오(두 손 모아 잠자는 모양을 한다.)
⑨ 애기 펭귄이 걸어간다.(애지를 펴서 흔든다.)
⑩ 뒤뚱뒤뚱 오오 뒤뚱뒤뚱 오오(펭귄 흉내내며 걷기)

10 주먹 어디 있니?(게임송)

① 주먹 어디 있니(양 주먹을 뒤로 감추고) × 반복
② 여기 나와 있다 여기 나와 있다(한 주먹씩 차례로 반원을 그리며 내민다) × 반복
③ 친구들 안녕 모두들 안녕(인사)
④ 들어간다 헤이!(한 주먹씩 다시 뒤로 감춘다) × 반복

11 상하좌우 전자손뼉

① 두 사람씩 짝을 지어 오른쪽에 앉아 있는 사람은 좌우로 손뼉칠 준비를 하고 왼쪽에 있는 사람은 상하로 손뼉칠 준비를 한다.
② 준비가 됐으면 리더가 "하나, 둘, 셋"이라는 구호를 하는데, "셋"이라고 할 때 재빨리 자기 손뼉을 친다. 여기서 먼저 친 사람이 승리하는 것이다.
③ 재미있게 진행하기 위해서는 리더가 번호를 뒤바꿔서 순간순간 재치 있게 불러주어야 한다.

12 꼬마생쥐(게임송)

가사 아삭아삭 북북 꼬마 생쥐 살그머니 집안으로 찬장 속을 봤구나
① 꼬마 생쥐(진 사람)는 두 주먹을 쥐고 이긴 사람의 무릎에 올린다.
② 이긴 사람은 V자를 그리고 진 사람의 손등에 올린다.
③ 지도자가 노래를 부르면 이긴 사람은 손을 타고 올라가서 목까지 올라간다.
④ 지도자가 좋아하는 음식 세 가지 하면 빠르게 진 사람은 대답을 하고, 이긴 사람은 그 말이 나오지 않도록 방해를 한다.

13 개구리(게임송)

가사 개굴개굴 개구리 노래를 한다 아들 손자 며느리 다 모여서 밤새도록 하여도 듣는 이 없네 듣는 사람 없어도 날이 밝도록 개굴개굴 개구리 노래를 한다 개굴개굴 개구리 목청도 좋다

① 개굴-자기 손뼉 한 번 친다.
② 개굴-서로 손바닥을 마주친다.
③ 개구-①과 같음.
④ 리-②의 동작을 왼손바닥으로 한다.
⑤ 노래를 한다-①, ②, ③, ④의 동작을 반복한다.
⑥ 아들 손자-서로 왼손을 잡아 머리 위로 올리고
⑦ 며느리-가위바위보를 한다.
⑧ 다 모여서-가위바위보에서 진 사람은 이긴 사람에게 인사를 한다. 비긴 경우 서로 인사한다. 노래를 계속하며 반복한다.

14 장글숲(게임송)

① 장글숲을(양손을 둥그렇게 돌리며 올려서 머리 위에서 잡는다.)
② 헤쳐서 가자(헤엄치는 동작 2회)
③ 엉금엉금(양손을 앞으로 하여 오리 모양을 만든다.)
④ 기어서 가자(오리 모양으로 걷는 모습)
⑤ 늪지대를(양손을 교대로 좌우로 펼친다.)
⑥ 넘어서 가자(양손으로 계단을 오르는 모습)
⑦ 악어 떼가 나올라(양손의 손목 부분을 붙이고 악어 입 모양처럼 열었다 닫았다 하다가 상대방을 껴안는다.)

15 합!(손유희)

① 큰 솔밭 큰 솔밭 큰 솔밭 밑에(왼손 오른손 양손 순으로 머리를 가리킨다.)

② 작은 솔밭 작은 솔밭 작은 솔밭 밑에(검지를 순서대로 눈썹을 가리킨다.)

③ 깜박이 깜박이 깜박이 밑에(검지를 순서대로 눈을 가리킨다.)

④ 오뚝이 오뚝이 오뚝이 밑에(검지를 순서대로 코를 가리킨다.)

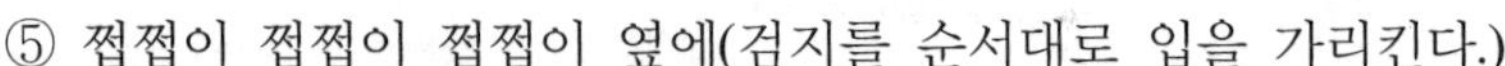

⑤ 쩝쩝이 쩝쩝이 쩝쩝이 옆에(검지를 순서대로 입을 가리킨다.)

⑥ 통통이 통통이 통통이 통통이는(검지를 순서대로 양 볼에 댄다.)

⑦ 합!(오른손 검지를 입에 댄다. 또는 박수를 빨리 친다.)

16 오리 가족 소풍(손유희)

① 아빠 오리가(양 엄지 흔들며)

② 점심 가지고(사각형 그리기)

③ 소풍을 간다.(행진)

④ 뒤뚱(양손을 허벅지 옆에 붙이고 으쓱)

⑤ 엄마 오리가(양 검지 흔들며)/점심가지고/소풍을 간다/뒤뚱

⑥ 애기 오리가(양 새끼손가락 흔들며)/점심 가지고/소풍을 간다/뒤뚱

⑦ 외나무 다리 건너(오른손으로 왼손바닥부터 어깨까지 이동)

⑧ 언덕을 지나고(오른손으로 왼쪽 귀에서 머리를 지나 오른쪽으로 이동)

⑨ 시냇물 흐르는(양손 머리 위에서 살랑살랑)

⑩ 즐거운 소풍 뒤뚱(행진 후 ④번 동작 반복)

① 엄지손가락을 흔든다.

② 양손으로 가슴 앞에서 사각형을 그린다.

③ 손바닥을 치고 한쪽 손바닥을 뒤집는다.

④ 검지손가락을 흔든다.

⑤ 새끼손가락을 흔든다.

⑥ 한 손을 편 후 한 손으로 자기 팔을 손으로 건너는 모션

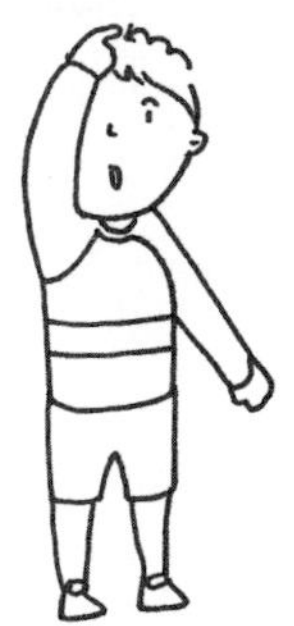

⑦ 한 손을 머리 위로 지나는 모션을 한다.

⑧ 양손으로 물 흐르는 표현을 한다.

⑨ 반짝반짝 모션을 취한다.

17 하늘 어디 있니?(손유희)

① 하늘 어디 있니?(선생님) 저~기(아이들)
② 땅은 어디 있니?(선생님) 여~기(아이들)
③ 선생님은 어디 있니?(선생님) 여~기(아이들)
④ 오줌싸개 어디 있을까?(선생님) 여기요! 저기요!(아이들)
⑤ 가사를 바꾸어 집중하는 분위기 유도하는데 써도 좋다.

18 거미네 집(손유희)

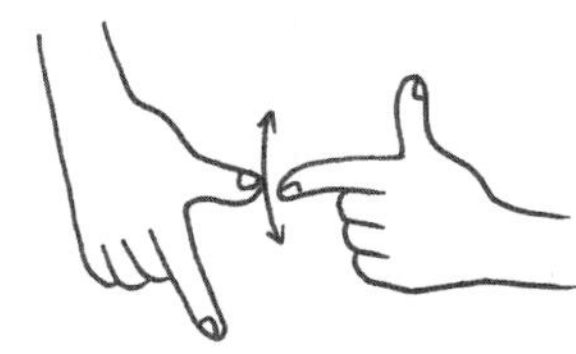

① 거미가 줄을 타고 올라갑니다.(양손 엄지와 검지끼리 만나서 네모를 만들고 올라간다.)
② 거미가 줄을 타고 내려옵니다.(내려온다.)

③ 거미네 집에(양손으로 집을 만든다.)
④ 햇빛 비치면(양손 올려 머리 위에서 반짝반짝 한다.)
⑤ 거미네 집은(양손으로 집을 만들고)
⑥ 행복하구요.(양손 앞에 모아서 흔들기)
⑦ 거미네 집에(양손으로 집을 만든다.)
⑧ 비가 오면(양손을 펴서 위에서 아래로 내리기)
⑨ 거미네 집은(양손으로 집을 만든다.)
⑩ 쫙, 쫙 찢어진대요.(양손 양 옆으로 벌리기 두 번하고 집이 무너지는 흉내)

19 원숭이 한 마리(손유희)

① 원숭이 한 마리가 나무 위에서 폴짝폴짝 뛰다가 떨어졌어요.(오른손 검지를 위에서 아래로 손짓 후, 검지가 왼손바닥에 떨어짐)
② 머리가 깨져서(머리 옆에서 양손 앞뒤로 흔들거리기)
③ 병원에 갔더니(ㅁ자를 검지로 만들기)
④ 의사가 하는 말(배를 크게 앞으로 내는 둥근 손동작)
⑤ 폴짝폴짝 뛰니까(검지를 상하로 흔들어 줌)
⑥ 머리가 깨졌지.(②번과 같이 하다 “지”에 양손을 턱에 괘기)

20 앵두나무, 포도나무(손유희)

① 조그만 앵두에(양손 검지손가락으로 앵두나무를 위에서 그린다.)
② 새빨간 앵두가(엄지와 검지를 맞대어 올리기)
③ 조롱조롱 열렸어요.(양 손바닥을 펼쳐 위에서 아래로 흔들어 내려오고 오른손에서 왼손으로)
④ 똑똑 따다가(엄지와 검지를 튕겨 주기...오-왼)
⑤ 깨끗한 물에 씻어서(그릇 만들기)
⑥ 아빠 잡수세요(오른손으로 갖다드리는 모양)
⑦ 엄마 잡수세요(왼손으로 갖다드리는 모양)
⑧ 냠냠냠(양손으로 먹는 모양)

2) 청소년을 위한 레크리에이션 프로그램

01 손가락 접기

① 참가자들이 양손을 펼쳐서 펴게 하고 먼저 손가락으로 1~5까지 센다.

② 오른손은 엄지만 접고 왼손은 편 상태에서 1~10까지 센 후에 처음과 똑같은 상태가 되도록 반복 연습을 한다.

③ 익숙해지면 오른손은 엄지와 검지를 접고 실시를 한다.

02 명지휘자

① 오른손으로는 상하로(↕) 2/4박자 지휘하는 것을 연습한다.

② 왼손은 '△'를 그리며 3/4박자를 연습한다.

③ 동시에 오른손은 아래위로 왼손은 세모를 그린다.

03 손가락 셈

① 어느 한 사람을 지적하면서 다섯 손가락을 펴 "여덟" 하고 소리치면 그 사람은 빨리 여덟에서 다섯을 뺀 수인 셋을 나타내기 위한 세 손가락을 펴고 "여덟" 하고 외쳐야 한다.
② 네 손가락을 펴고 "아홉" 하면 다섯 손가락을 펴고 "아홉" 하고 여덟 손가락을 펴고 "열"하면 두 손가락을 펴고 "열" 하고 외친다.
③ 이번에는 윗수와 아랫수를 빨리 대는 놀이로 변형하여 왼손으로 지적하면 아랫수를 오른손으로 지적하면 바로 윗수를 대도록 응용한다.
④ 즉 왼손으로 지적하면서 "다섯" 하면 "넷" 해야 되고, 오른손으로 지적하면서 "다섯" 하면 "여섯" 해야 한다.
⑤ 셋 윗수와 아랫수를 대는 것으로 응용해 본다.
⑥ 곱하기 나누기 더하기 빼기를 적당한 규칙을 따라 넣어 활용한다.

04 예 아니오

① 먼저 "예" 하고 고개를 아래위로 흔들고 "아니요" 하고 고개를 좌우로 흔드는 정상적인 훈련을 시킨다.
② 이번에는 "예" 하면서 고개를 좌우로 흔들고 "아니요" 하면서 고개를 아래위로 끄덕이는

훈련을, 즉 말과 고개 짓을 반대로 하는 훈련을 시켜 앞으로도 무슨 말이든지 물어 보면 그렇게 하도록 약속한다.

③ 지도자가 아무에게나 질문을 자꾸 던져 이런 식으로 대답을 잘하면 점수를 주고 잘못하면 감점을 준다.

④ "하는 법을 알겠습니까?", "이제 그만해도 되겠지요?" "자 시작해 볼까요?", "자신 있습니까?" 등의 질문에는 방심한 채 그냥 대답해 버리기도 한다.

⑤ 둘씩 짝지어 서로 질문과 대답을 하도록 하여 승부를 내도록 할 수도 있다.

05 어, 조, 목

① 지도자가 "어조목, 어조목"을 반복하다가 아무나 지적하면서 "목" 하면 빨리 나무 이름을 말하면 된다.

② "조" 하면 새 이름, "어" 하면 물고기를 이름을 말하는데 똑같은 이름을 반복을 하면 안 된다.

③ 응용 형태로 "어조목, 어조목, 꽝" 하면 "어조목"이 아닌 다른 종류의 이름을 말해야 한다.

06 싱글벙글 꽥

① 먼저 지도자가 "싱글벙글" 하면 참가자들은 왼쪽으로 돌아서 앞사람을 가볍게 안마한다.

② 다음 “벙글벙글” 하면 오른쪽으로 돌아서 앞사람 안마한다.
③ ①, ②번을 적당히 섞어가면서 게임을 진행하다가 지도자가 “꽥” 하면 앞사람을 빨리 껴안는다.
④ “꽉” 하면 가볍게 앞사람을 간지럼 태운다.
⑤ “샥” 하면 상대를 꼬집는다.
⑥ 모두 연결하여 빨리 진행을 한다.

07 LOVE

① 자기 손뼉 한 번 치고 자기 왼쪽 무릎을 한 번 치고 오른쪽 무릎을 한 번 친다.
② 다시 왼쪽 무릎을 한 번 치고 손등을 치고(쿵짝짝 쿵짝) 손가락으로 LOVE를 한다.
③ 대상자들이 익숙해진 후에는 4박자 계통의 노래를 함께 부르면서 진행한다.
④ 손가락을 이용한 LOVE
L : 양손의 엄지와 검지를 직각으로 펴서 ‘L’자를 만든다.
O : 양손의 엄지와 검지를 둥그렇게 해서 ‘O’자를 만든다.
V : 양손의 검지와 장지를 펴서 ‘V’자를 만든다.
E : 양손의 검지와 장지와 약지를 펴서 ‘E’자를 만든다.

08 옆으로 박수

① 옆 사람의 어깨가 거의 붙을 정도로 밀착한 상태로 자리를 배열한다.

② 양손으로 자신의 양 무릎을 친다.

③ 오른손은 자신의 왼쪽 무릎을 왼손은 왼쪽 사람의 오른쪽 무릎을 동시에 친다.

④ 왼손은 자신의 오른쪽 무릎을 오른손은 오른쪽 사람의 왼쪽 무릎을 동시에 친다.

⑤ 왼손바닥을 왼쪽 사람이 칠 수 있도록 대준다.

⑥ 오른손으로는 오른쪽 사람이 대준 손바닥을 내려친다. 즉 자신의 왼쪽 사람에게 대주고 자신은 오른쪽 사람의 손을 자신의 오른손으로 치는 것이다.

⑦ 왼손으로는 왼쪽 사람이 대준 손바닥을 내려친다.

⑧ 자신의 오른손바닥은 오른쪽 사람이 동시에 치게 된다.

09 어느 손가락이 왕?

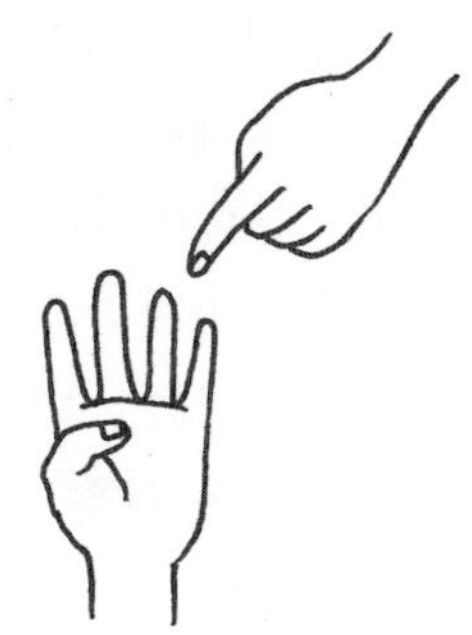

① 지도자는 미리 어느 한 사람에게 요령과 규칙을 가르쳐 주고, "이제 이 요술쟁이는 우리가 지적한 손가락이 어느 것인지 알아맞히게 됩니다."라고 전부에게 이야기한다.

② 요술쟁이의 눈을 감게 한 다음 사람들 중 한 명에게 마음대로 어느 손가락을 지적하도록 하고 그 손가락이 "왕"이라고 말해 준다.

③ 눈을 뜨고 다섯 손가락을 펴게 하고는 한 손가락씩 마음대로 지적해 나가면서 "이 손가락이 왕입니까?"하고 물어 보면 요술쟁이는 "아닙니다", "맞습니다" 등으로 정답을 알아맞히게 된다.

10 1·2·3

① 자신의 왼쪽 팔을 손바닥이 하늘을 보게 하여 앞으로 쭉 뻗는다.

② 동작(오른손으로 손바닥-팔꿈치(앞쪽 관절)-어깨를 차례로 빠르게 짚는다.)을 취한다.

③ 동작을 취하며 손바닥을 짚는 순간 말을 꺼낸다. "이건 하나입니다."

④ 동작과 함께, 이번에 팔꿈치를 짚는 순간 말을 시작한다. "이건 둘입니다."

⑤ 동작과 함께, 어깨를 짚는 순간 말을 시작한다. "이건 셋입니다."

⑥ 동작을 취하며, 팔꿈치를 짚는 순간 말을 시작한다. "이건 몇일까요?"

⑦ 이번에 손바닥을 짚는 순간 말을 시작한다. "이건 몇이죠?"

11 엄지 잡기

① 두 명이 서로 오른손을 세워서 마주잡는데 엄지손가락을 세워 두고 둘째손가락부터 새끼손가락까지만 맞잡는다.

② 시작 신호에 따라 자기 엄지를 왼쪽, 오른쪽으로 교대로 눕혀서며 상대와 반대편으로 옮기면서 하나부터 아홉까지 센 후에 열을 세는 순간부터 상대편 엄지를 자기 엄지로 잡을 때까지 놀이를 계속한다.

③ 열을 세는 대신 "무궁화 꽃이 피었습니다" 등의 10자 자리 문장을 만들어 마지막 순간에 잡도록 하면 다른 의미의 교육도 될 수 있다.

12 가위바위보 게임(게임송)

도깨비 잡이

① 도깨비 잡으러(손가락으로 뿔을 만들고 두 손을 X자로 머리 앞에 올린다.)

② 산으로 갈까요(두 손으로 산을 만들기 × 반복)

③ 도깨비 잡았는데(손가락으로 뿔을 만들고 두 손을 X자로 머리 앞에 올린다.)

④ 어떻게 할까요(생각하기)

⑤ 비빌까 밟을까 헤딩으로 할까(두 손 비비고, 발로 밟고, 헤딩하기)

⑥ 랄랄랄랄랄랄랄라 가위바위보(손뼉치다가 가위바위보)

훌랄라

가사 모두 모여라 손목을 잡고 흥겹게 모두 춤을 추자
훌랄라 훌라 훌랄라 훌라 훌랄 라라라 가위바위보

① 무릎 1번, 자기 손뼉 1번, 상대방과 양손으로 "짝" 1번
② 자기 손을 당기면서 상대방을 보면서 놀란 표정을 한다.

우리 집에 왜 왔니

가사 우리집에 왜 왔니 왜 왔니 왜 왔니
꽃 찾으러 왔단다 왔단다 왔단다
무슨 꽃을 찾으러 왔느냐 왔느냐 왔느냐
예쁜 꽃을 찾으러 왔단다 왔단다 왔단다
하늘에서 내려온 홍길동과 가위바위보

① 파트너끼리 가위바위보를 먼저 한 후에 이긴 사람은 형님이 되고 진 사람은 동생이 된다.
② 양 손바닥을 서로 댄다. 그리고 형님이 먼저 동생이 손바닥을 8번 치고 그 후에는 동생이 형님의 손바닥을 8번 친다.
③ 마지막 가사(하늘에서…)에서는 양손으로 상대방의 어깨를 누르면서 계속 흔들다가 가위바위보를 한다.

◉ 벌 칙

- 이긴 사람이 깍지 끼고 진 사람 목에 걸고 당기면서 이마에 뽀뽀하기
- 이긴 사람이 진 사람의 턱에 왼손을 대고 다른 손을 든다. 그리고 진 사람에게 손바닥에 보이냐고 하고서 손바닥에 침을 뱉으라고 한다.
- 이긴 사람은 진 사람의 귀를 잡고 진 사람은 앞으로 나란히 하고 이긴 사람의 허리를 간질인다.
- 머리카락 3개 뽑기 혹은 다리털 뽑기
- 진 사람의 양 귀를 잡고 지도자의 지시에 따라 운전하기
- 타잔과 제인

옛날 아프리카 한 정글에 타잔과 제인이 행복하게 살고 있었습니다. 하루는 타잔과 제인이 부부싸움을 해서 타잔이 집을 나갔습니다. 걱정이 된 제인이 타잔을 찾아 나섰습니다. 앞집에 가서 물어 봤습니다. "할아버지 제 남편 타잔 보셨나요?", "아니 당신 남편 타잔 못 봤는데", 옆집에 가서 물어 보았습니다. "아저씨 제 남편 타잔 보셨어요?", "아니 당신 남편 타잔을 못 봤는데", 뒷집에 가서 물어 보았습니다. "아줌마 제 남자 친구 타잔 보셨나요?", " 아니 당신 남자 친구 타잔 못 봤는데" 찾다 못한 제인이 타잔이 자주 간다는 산에 올라가서 외쳤습니다. "타잔" 산에는 무엇이 있죠? 메아리가 있죠. 앞산에서 "타잔 타잔 타잔 타잔 , 뒷산에서도 타잔 타잔 타잔 타잔" 옆산에서도 "타잔 타잔 타잔 타잔" 뒷산에 있는 용마산에선 타잔이 " 어 나 여기 있어." 얘기 끝….

왜요!! 제인 억울하지요!!! 그럼 제인도 집을 나갈까요? 네, 좋습니다. 한 번 더 하죠. 다시 손을 잡으시고 옛날 아프리카 한 정글에 타잔과 제인이 행복하게 살고 있었습니다. 하루는 타잔과 제인이 부부싸움을 해서 타잔이 집을 나갔습니다. 걱정이 된 타잔이 제인을 찾아 나섰습니다. 앞집에 가서 물어 보았습니다. " 할아버지 혹시 제 부인 보셨어요?", " 아니 당신 부인은 못 보았는데", 이하 동일. 찾다 못한 타잔이 제인이 자주 간다는 동굴에 가서 외쳤습니다. " 제인" 동굴에 무엇이 있죠? 제인이 있죠. "어 나 여기 있어."

13 텔레파시

① 지도자는 두 사람씩 등을 대고 앉게 한다.
② 가위바위보를 통해 공격과 방어를 정한다.
③ 지도자의 "고개 돌려!"라는 구호에 맞추어 자신이 돌리고 싶은 방향으로 고개를 돌린다.
④ 고개를 돌린 방향이 같으면 공격자와 텔레파시가 통한 것이고 반대 방향이면 공격자를 바꾸어 다시 한 번 한다.

14 환영의 노래(게임송)

① 우리 모두(양손을 가슴에 X자로 모은다.)
② 환영합니(양손을 똑바로 편다.)
③ 다(빙고박수 "짝짝 짜짜짝")
④ 즐거운 맘(좌우로 예쁘게 춤을 춘다.)
⑤ 진심으로(오른손과 왼손을 차례로 앞으로 펼친다.)
⑥ 우리 모두(양손을 가슴에 X자로 모은다.)
⑦ 환영합니(양손을 똑바로 편다.)
⑧ 다(빙고박수 "짝짝 짜짜짝"로 우리 모두 환영합니다.)

15 입 큰 개구리

① 짝 배수의 팀으로 팀 구성을 한다.
② 각 팀에서 입이 큰 사람을 1사람씩 선출한다.

③ 선출이 끝나면 참석한 모든 사람과 함께 박수를 치면서 노래를 한다.

가사 다~함께 노래합시다~ 다~함께 노래합시다~ 입을 크게 벌려~ 입을 크게 벌려~ 벌려~ 벌려~ 아~아~.

④ 노래가 끝나면 선수들의 입을 자로 재어 아래위로 가장 크게 입이 벌어지는 사람을 챔피언으로 뽑는다.

⑤ 리더의 재치 있는 멘트와 센스가 요구된다.

⑥ 흥미를 돋우기 위해서 토너먼트 식으로 진행하고 결승전은 "입 큰 사람 치고 노래 못하는 사람 없다!"고 말한 후 노래 솜씨로 챔피언을 뽑는다.

16 청소년 가을축제 만세

① 5명 정도 앞으로 나오게 하여 "청소년 가을축제 만세"라는 제목을 가지고 글자 순서대로 글자 1자씩 큰소리로 내는 게임으로 끝까지 틀리지 않고 읽는 사람이 승리하게 된다.

② 모두 잘하면 시간을 측정하여 판정을 한다.

③ 예를 들면 먼저 크게 "청" 하고 그 다음은 보통소리로 "소년 가을축제 만세"를 하고 다시 보통소리로 "청" 하고 "소"는 크게 하고 나머지 "년 가을축제 만세"는 보통소리로 한다. 이와 같은 방법으로 끝자인 "세"까지 한다.

④ 제목은 각 행사의 주제에 따라 달리할 수 있다.

17 억울한 검도

① 남녀 1사람씩 앞으로 나오게 하여 눈가리개로 눈을 가린 다음 서로 마주 보고 서라고 한다(간격 1미터).

② 지도자가 "이마", "허리", "목" 등 지정하는 소리에 따라 상대방을 쳐야하는데 "이마" 하면 이마를 쳐야 한다.

③ 여자는 눈가리개를 벗고 남자 몰래 조용히 남자 등 뒤로 가게 한다.

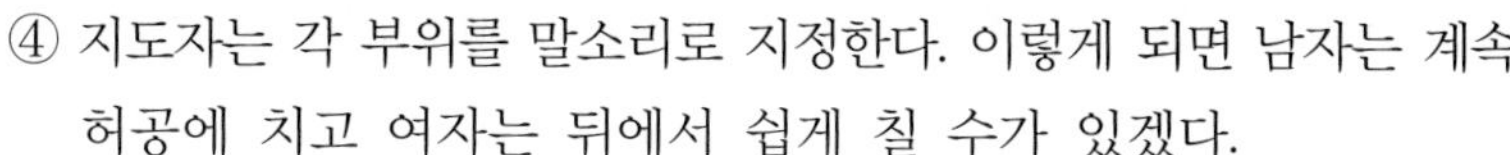

④ 지도자는 각 부위를 말소리로 지정한다. 이렇게 되면 남자는 계속 허공에 치고 여자는 뒤에서 쉽게 칠 수가 있겠다.

18 확인 또 확인

① 자신의 이름을 5명에게 큰 소리로 소개한 후 확인 받으세요!

② 3명의 신을 벗기고 다시 신긴 후 확인 받으세요!

③ 길이가 15cm 이상 되는 남의 머리카락을 2개 구해 오시오!

④ 노래1곡(자유곡)을 춤과 함께 부른 후 확인을 받으세요!

⑤ 앉았다가 일어서기를 10회 실시 후 확인을 받으세요!

⑥ 3명의 다른 사람 등에 업혀 매미소리를 10회 외친 후 확인 받으세요!

⑦ 2명에게 가서 코끼리코 돌기 10회 후 확인 받으세요!

⑧ 3명을 만나 무릎을 굽힌 채 "나는 당신을 사랑합니다."라고 외친 후 확인 받으세요!

19 세계 인사 여행

① 남자들은 밖에서 원을 만들고, 여자들은 안에서 원을 만들고 마주 보며 악수를 한다.

② "인디언 보이" 노래를 부르며 한 사람씩 오른쪽으로 옮겨가며 악수를 한다. 노래가 끝나면 10사람과 지나면서 악수를 하게 된다.

③ 10번째 사람은 세계 여행 중에서 만난 사람이 되어 그 나라의 인사법으로 인사를 한다.

④ 인사를 한 후 서로 오른쪽으로 돌아서서, 동요나 잘 아는 노래를 부르면서 가볍게 뛴다.

⑤ 리더의 "스톱!" 소리에 각자 자기 작(10번째 사람)을 찾아서 그 자리에 주저앉는다.

⑥ 가장 늦게 앉는 커플은 벌금을 받거나 탈락시킨다.

⑦ 계속 반복하면서 여러 나라의 인사를 나눈다. 이로 인해 서로가 더 친숙해질 수 있다.

⑧ 인사법

- 한국: 악수를 하면서 "만나서 반갑습니다!"
- 미국: 어깨를 가볍게 두드리며 "하우 두 유 두?"
- 중국: 양손 팔꿈치를 잡고 무릎을 살짝 구부리며 "니하우마?"
- 인도: 양손을 입에 갖다 붙이고 "살라모아(왼손만세)! 살라모아(왼손 붙이고 오른손 만세)! 오! 살라모아(만세)!"
- 네팔: 양손을 이마에 붙이고, "나마스테!" 하면서 양손을 이마 높이에서 앞으로 쭉 내밀어 상대방과 손뼉을 3번 친다.
- 하와이: 서로 끌어안고 양쪽 볼을 교대로 비벼가며 "알로하! 알로하!"
- 스페인: 여자가 펄쩍 뛰면서 남자에게 옆으로 안기면, 남자는 여자를 안아 한 바퀴를 돌면서 "브아레스디아스!"
- 이스라엘- "샬롬! 샬롬!"하면서 상대방의 어깨를 주물러 준다.

- 알래스카- 먼저 남자가 "브텐니!" 하고 인사를 하면 여자는 "으으응~!" 하면서 인사를 받는다. 이 때 서로 코를 비비면서 한다.

⑨ 인디언보이 노래를 하면서 숫자가 하나씩 올라갈 때마다 정확히 한 사람씩 건너가야 한다.

20 믿고 넘어지세요

① 2인 1조로 둘씩 짝을 만든 후에 한 명은 실시자가 되고 한 명은 보조자가 되어 번갈아가면서 실시한다. 실시자는 손에 깍지를 낀 상태로 손을 한 번 가슴 쪽으로 비틀어 가슴 앞에 모은다.

② 보조자는 손가락을 모으고 양손을 가슴 앞에 팔꿈치를 약간 구부리고 위치하고 한쪽 발을 앞으로 어깨넓이만큼 내밀어 안정된 자세로 실시자를 뒤로 받을 준비를 한다.

③ 지도자의 구령과 함께 나무토막처럼 뒤로 반듯하게 눕듯이 하여 떨어지고 이 때 실시자는 보조자를 완전히 믿고 실시를 하고 보조자는 책임을 지고 실시자를 받아 주어야 한다.

④ 실시자와 보조자의 역할을 바꾸면서 계속적으로 반복한다.

⑤ 두 명의 간격을 점점 멀리하면서 실시한다.

⑥ 2인 1조의 체험이 끝난 후에는 5~6명씩 조를 편성하여 각 조에서 가장 가벼운 사람이 원의 중앙에 들어간다.

⑦ 나머지 사람들은 원 안에 있는 사람을 향하여 두 손을 내민다.

⑧ 원 안에 선 사람은 주변에 둘러서 있는 친구들을 향하여 넘어지는데 이 때 무릎과 허리를 구부리면 안 된다.

⑨ 원 주변에 서있는 사람들은 가운데서 넘어지는 친구를 두 손을 이용해 받아서 옆 사람이나 반대편 사람에게 넘기도록 한다.

⑩ 한 사람이 끝났으면 조금 더 무거운 사람으로 바꿔서 계속해 본다.

3) 성인을 위한 레크리에이션 프로그램

01 어려운 발음을 이용한 주의 집중 게임

지도자의 화술을 위한 어려운 말 발음 훈련 문장

① 중앙청 창살 쌍창살, 검찰청 창살 철창살

② 작년 솥장사 헛솥장사, 금년 솥장사 새 솥장사

③ 대우 로얄 뉴 로얄

④ 간장 공장 공장장은 강 공장장이고 된장 공장 공장장도 강 공장장이다.

⑤ 저기 있는 저분이 박 법학박사이시고, 여기 있는 이분이 백 법학박사이시다.

⑥ 신진 샹송가수의 신춘 샹송쇼

⑦ 한양 양장점 옆 한영 양장점, 한영 양장점 옆 한양 양장점

⑧ 저기 있는 저 말뚝이 말 맬 말뚝이냐, 말 못 맬 말뚝이냐.

⑨ 옆집 팥죽은 붉은팥 팥죽이고, 뒷집 콩죽은 검은콩 콩죽이다.

⑩ 대공원의 벚꽃놀이는 낮봄벚꽃놀이보다 밤봄벚꽃놀이가 좋다.

⑪ 들의 콩깍지는 깐 콩깍지인가, 안 깐 콩깍지인가? 깐 콩깍지이면 어떻고 안 깐 콩깍지이면 어떠냐. 깐 콩깍지나 안 깐 콩깍지나 콩깍지는 콩깍지 아닌가?

⑫ 상표 붙인 저 깡통은 깐 깡통인가, 안 깐 깡통인가?

⑬ 강낭콩 옆 빈 콩깍지는 완두콩 깐 빈 콩깍지이고, 완두콩 옆 빈 콩깍지는 강낭콩 깐 빈 콩깍지이다.

⑭ 내가 그린 구름 그림은 새털구름 그린 그림이고, 네가 그린 구름 그림은 뭉게구름 그린 그림이다.

02 엄지 애지

① 가슴 앞에서 왼손을 오므리고 엄지만을 왼쪽을 향하게 한다.
② 오른손도 오므리고 왼손의 엄지 방향과 동일하게 애지만 편다.
③ 오른손의 엄지와 왼손의 애지를 오른쪽 방향으로 향하게 한다.
④ 위의 동작을 빠르게 반복하면 더욱 어렵게 된다.

03 몸짓 박수

① 지도자가 발을 뗄 때마다 모두 박수를 한 번씩 치게 한다. 발을 디디려다 말 때 박수를 치는 사람은 걸리게 된다.
② "여러분"이란 낱말에 박수 두 번을 치라고 하고 연설을 시작한다.
③ 손을 들고 흔들면 박수를 치면서 "와" 하고 환호를 한다.
④ 마지막으로 이 네 가지 동작을 한꺼번에 하기로 약속하고, 이리저리 걸어다니며 박수를 유도하고는 연설을 시작한다. 그리고 적당한 때에 머리를 긁거나, 손을 번쩍 치켜든다.

04 미꾸라지 잡기

① 오른손을 가볍게 주먹을 쥔 상태에서 엄지손가락을 뻗고, 왼손은 엄지손가락과 검지손가락으로 서로 끝을 붙여 고리를 만든다.
② 오른손의 엄지손가락으로 왼편 사람의 손가락 고리에 끼운다.
③ 지도자의 "하나 둘 셋" 하는 신호와 함께 오른손 엄지손가락은 잡히지 않고, 왼손가락의 고리는 상대의 엄지손가락을 잡을 수 있도록 빠른 동작을 취한다.

05 가라사대(약속 게임)

① 지도자가 '가라사대'라는 말과 함께 동작을 요구하면 따라하고 '가라사대'라는 말이 없이 동작을 요구하면 따라하지 않는다.

② '가라사대' 대신 학생일 경우 '청소년'으로 하고, 직장인일 경우 '직장명'으로 한다.

06 전체 가위바위보

① 전체 대상이 오른손을 들게 한다.
② 지도자와 가위바위보를 해서 진 사람은 손을 내리게 한다.
③ 계속적으로 실시를 해서 최종 몇 명을 선발한다.
④ 선발된 인원에게 직접 상품을 주거나 무대 위로 나오게 해서 다음 프로그램을 계속적으로 연계하는 데 사용을 한다.

07 사랑의 박수

① 무릎 2회 손뼉 2회(4호)
② 양손으로 사진 찍는 동작(윙크) 좌우로 각 2번(4호)

③ ①과 같음
④ 양손으로 꼬시는 동작 좌우로 두 번씩(4호)
⑤ ①과 같음
⑥ 팔짱 끼는 동작 좌우로 두 번씩(4호)
⑦ ①과 같음
⑧ '바이바이' 동작 좌우로 두 번씩(4호)
★ 짝사랑(왜 그런지 가슴이…) 노래에 맞춰 반복한다.

08 9권 책

① 책 아홉 권을 가로 3권, 세로 3권으로 배열해 놓은 후 미리 어느 한 사람에게 요령과 규칙을 가르쳐 주고, 막대기로 짚어 나가면서 지정된 책이 어느 것인지 시범을 보여 맞히도록 한다.

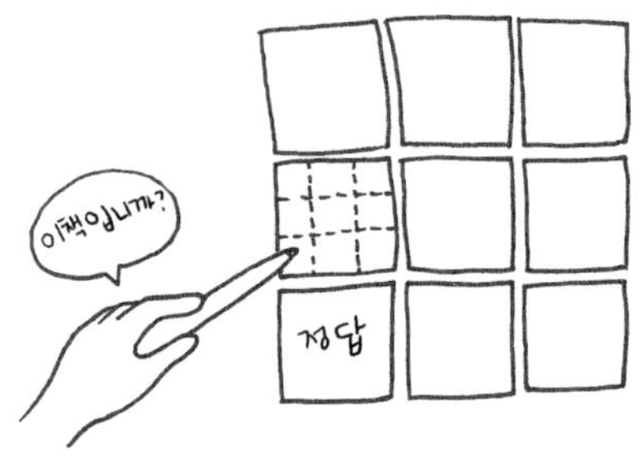

② 다른 사람 중에서 규칙을 알게 되어 제대로 알아맞히는 사람에게 상을 준다.
③ 책 대신에 칠판에 4각형을 9개 그려도 된다.

09 손가락 심리 테스트

① 전체가 지도자의 말에 따라 오른손을 펴서 든다.

② "하나, 둘, 셋"이란 구령에 손가락 5개 중에 하나를 선택하고 나머지는 접는다.

③ 자신이 선택한 손가락을 기억한 후에 손을 내린다.

④ 각 손가락에 담긴 의미를 풀어준다.

- 검지: 지적이거나 아는 것이 많고 똑똑한 사람이지만, 아는 것이 많다 보니까 어른들 앞에서 아는 척하다 혼나는 경우가 많다.
- 중지: 관능적이며 섹시한 사람으로 속옷에 레이스나 망사가 들어간 것을 좋아한다.
- 약지: 멍청한 사람이지만 고집이 세다.
- 끝지: 끼가 많고 애교가 많은 사람으로 주위의 사람을 닭살 돋게 한다.
- 엄지: 무식한 사람으로 '안 되면 힘으로 하지 뭐'라는 강한 철학을 가지고 있는 단순 무식형이다.

10 내 애인은 지금

① 대상자들에게 상황을 이야기한다.

② "여러분 지금부터 제가 이야기하는 것을 상상하시고 하나만 선택하세요. 지금 여러분들은 애인과 함께 바닷가에 있습니다. 애인은 지금 당신 옆에서 무엇을 하고 있습니까? 선택하세요.

- 첫 번째: "나 잡아봐라" 하면서 달려가기 시작한다.
- 두 번째: 같이 바다를 바라보고 있다.
- 세 번째: 피우고 있던 담뱃불로 게를 지지고 있다.

- 네 번째: 춥다고 빨리 들어가자고 말한다.
- 다섯째: 난 애인이 없다.

③ 해석

- 첫 번째: 점점 애인이 싫어지고 귀찮아 지시는 분
- 두 번째: 지나간 사랑을 그리워하는 사람들입니다. 아니면 사랑을 기다리거나 지금 사랑에 만족하거나 사랑을 믿지 않는 분
- 세 번째: 상당히 불만이 많은 사람으로 불만을 쌓아 두지 마시고 동생을 괴롭히든가 친구에게 똥침을 놓든가 어떻게든 불만 좀 해소하고 사세요.
- 네 번째: 참으로 밝히시는 분
- 다섯째: 누가 진짜 있냐고 물어 봤습니까? 벌써부터 짜증을 내고 있는 것이 분명합니다. 다른 것으로 선택하세요.

11 위로 아래로 꽝

① 두 사람이 주먹을 쥐고 서로 하나씩 엇갈리게 4층으로 쌓는다.

② 구령에 따라 "위로" 하면 아래 주먹이 위로 올라가고, "아래로" 하면 맨 위에 있는 주먹이 아래로 내려간다.

③ "꽝"이라는 지시어와 함께 아래에 있는 주먹이 맨 위에 있는 주먹을 친다.

12 라라라송(게임송)

① 조개껍질 묶어(무릎 두 번 손뼉 두 번 박수친 상태에서 양손으로 묶는 시늉)
② 그녀의 목에 걸고(위와 같은 상태에서 목에 목걸이를 거는 시늉)
③ 창가에 마주 앉아(위와 같은 상태에서 왼손 검지와 중지를 붙인 후 오른손 검지로 건다.)
④ 밤새 속삭이네(위와 같은 상태에서 메아리치듯 두 손을 오-왼쪽으로 움직인다.)
⑤ 랄라 라라라라(여기서는 두 사람이 가위바위보를 하면서 노래에 맞춰 진 사람의 손등을 때린다.)

13 신체 공중전화

① 두 사람이 서로 마주보고 가위바위보를 해서 승부를 내고 이긴 사람은 전화를 거는 사람이 되고 진 사람은 공중전화가 된다.
② 먼저 지도자는 공중전화의 "0, 1, 2, 3, 4, 5, 6, 7, 8, 9"까지의 순서를 알려주고(0=입, 1=오른쪽 눈, 2=오른쪽 코, 3=왼쪽 코, 4=목, 5=오른쪽 어깨, 6=왼쪽 어깨, 7=배꼽, 8=오른쪽 허리, 9=왼쪽 허리, 동전(알사탕) 투입구=입)
③ 지도자가 "자! 지금부터 전화를 걸겠습니다. 자, 입에 알사탕 동전을 넣으세요. 전화번호 01*-***-**** 하면 그 부위를 눌러 준다.

14 동물 빙고

① 팀별로 준비물(도화지, 볼펜)을 나누어 주고 도화지를 14등분해서 한 칸으로 만들게 한다.

② 제한 시간 내에 각 칸마다 그 자음으로 시작하는 동물 이름을 가능한 많이 쓰게 한다.

③ 지도자가 각 자음별로 동물이름을 몇 개씩 불러나가는데 지도자가 부르는 동물이름을 쓴 팀은 크게 자기 팀 이름을 외치고, 확인한 후 점수를 준다.

④ 지도자는 동물도 물에 사는 거, 뭍에 사는 것, 파충류 등의 많은 정보가 필요하다.

- ㄱ: 강아지, 고슴도치, 기린, 고양이, 고래, 공룡, 개구리, 갈매기, 고릴라, 고질라, 구미호
- ㄴ: 노루, 낙타, 너구리, 늑대, 날다람쥐
- ㄷ: 도요새, 도롱뇽, 돌고래, 다람쥐, 닭, 두더지, 도마뱀, 둘리
- ㄹ: 라이온, 로드러너, 레옹(사람도 동물이죠?)
- ㅁ: 망아지, 말, 미꾸라지, 매머드
- ㅂ: 붕어, 박쥐, 비둘기, 백조, 봉황, 불가사리, 바퀴벌레
- ㅅ: 상어, 사슴, 산토끼, 소, 송아지, 수달, 살쾡이, 사람
- ㅇ: 올챙이, 잉어, 양, 악어, 원숭이, 오리, 여우, 얼룩말, 용가리
- ㅈ: 자라, 쥐, 집토끼, 조랑말

- ㅊ: 청개구리, 참치, 치타, 참새
- ㅋ: 코끼리, 코알라, 캥거루, 킹콩, 카멜레온, 코요테
- ㅌ: 토끼, 타이거
- ㅍ: 피라미, 퓨마, 표범
- ㅎ: 황소개구리, 하마, 홍학, 황새, 하이에나, 해마, 햄스터

15 젊은 여성과 선원 이야기

① 젊은 여성과 선원 이야기 상황문을 배부하여 읽게 한다.
② 개인 호감도 순위를 기록하게 한다.
③ 집단의 순위를 기록하게 한다.
④ 개인오차와 집단 오차를 계산하여 보고하게 한다.
⑤ 오차의 차이에 대한 의미와 결과를 해석해 준다.
⑥ 모든 과정을 마치고 각자의 느낌을 발표하고 피드백을 준다.

젊은 여성과 선원 이야기

폭풍우를 만나 한 척의 배가 침몰했습니다. 그 배에 타고 있던 사람들 중에서 운 좋게 다섯 사람이 2척의 구명보트를 잡을 수 있었습니다. 보트 한 척에는 선원과 젊은 여성 그리고 노인 이렇게 세 사람이 타고 다른 한 척에는 젊은 여성의 약혼자와 그 친구가 타고 있었습니다. 그런데 두 보트는 악천우 상태에서 파도에 휩쓸려 서로 다른 방향으로 가게 되었습니다. 젊은 여성이 탄 보트는 어떤 섬에 착륙하였습니다. 약혼자와 동떨어지게 된 그녀는 약혼자가 생존해 있다는 근거를 어떻게 해서든지 잡으려고 하루 종일 또 하나의 보트를 찾아보

았습니다. 아무것도 찾을 수가 없었습니다. 다음날 날씨는 회복되었으나 젊은 여성은 아직도 단념을 할 수가 없어서 다시 약혼자를 찾아보았습니다. 그러나 역시 찾지를 못했습니다.

그녀는 그날 바다 저 건너 멀리 떨어진 섬을 발견했습니다. 그녀는 참다못해 약혼자를 찾고 싶은 일념으로 선원에게 "보트를 수리해서 저 섬으로 데려가 주세요!"라고 부탁했습니다. 선원은 그녀의 소원이라면 들어주겠다고 말했으나 한 가지 조건을 제시했습니다. 그것은 그녀와 하룻밤을 같이 지내자는 것이었습니다.

애가 타고 당황한 그녀는 노인에게 "이 일을 어쩌면 좋을까요?" 좋은 방법이 없을까요?" 하고 의논을 했습니다. 노인은 "당신에게 어떻게 하는 것이 옳은 일인지 아닌지를 내가 말할 수는 없어요. 당신의 마음에 물어 보고 그대로 따라 가야지요." 하고 대답할 뿐이었습니다. 그녀는 고민하던 끝에 결국 선원이 제시한 말을 따랐습니다.

다음날 아침 선원은 보트를 수리해서 그녀를 그 섬에 데려다 주었습니다. 약혼자의 모습을 먼발치에서 찾은 그녀는 모래사장에 발을 내 딛기가 무섭게 있는 힘을 다해 달렸습니다. 그리고 약혼자의 품에 힘차게 안겼습니다. 약혼자의 따뜻한 가슴에 안겨 그녀는 어젯밤의 일을 말할까 말까 여러 번 망설였습니다. 결국 결심을 하고 다 털어놓았습니다. 이 말을 들은 약혼자는 미친 듯이 마구 화를 내며 그녀에게서 멀리 달려가 버렸습니다.

그녀를 본 약혼자의 친구는 그녀 가까이 다가와서 어깨에 손을 얹고 "두 사람이 싸운 것은 잘 알아요. 약혼자에게 말을 잘 해야겠지요. 그러면 내가 보살펴 주겠오."라고 말했습니다.

◉ 과제

위의 이야기에 등장하는 5명의 인물 중 당신이 가장 호감을 가지는 인물부터 그 순위를 개인 순위란에 1, 2, 3, 4, 5,로 기입하시오. 단, 당신이 느낀 호감도의 관점에서 순위를 정하되 같은 순위는 적지 마시오. 순위기입이 끝난 후 그 순위를 결정하게 된 나름대로의 이유를 간단히 적어 주시오.

등장인물	개인순위	집단순위	오차	개인의 호감도 순위 결정 이유
젊은 여성				
약혼자				
선원				
노인				
친구				

16 이혼사유

① 이혼 사유 상황문을 배부하여 읽게 한다.
② 개인 호감도 순위를 기록하게 한다.
③ 집단의 순위를 기록하게 한다.
④ 개인 오차와 집단 오차를 계산하여 보고하게 한다.
⑤ 오차의 차이에 대한 의미와 결과를 해석해 준다.
⑥ 집단 의사 결정 과정과 관련하여 다음과 같은 설명을 해준다.
⑦ 모든 과정을 마치고 각자의 느낌을 발표하고 피드백을 준다.

이혼 사유

젊은 부인에게는 아파트의 벽들이 마치 감방의 창살같이 느껴졌다. 3년 전 결혼한 이래로 남편은 줄곧 일에만 관심이 있지 아내에게는 별 관심이 없는 것 같다. 걸핏하면 야근, 출장이고 어쩌다 일찍 들어와도 책상에 앉아서 서류하고만 씨름하고 있었다. 이번에도 해외 출장을 떠난 지 1주일이 되었건만 아직 전화 한 통화 없고 아마 1주일쯤 뒤에 느닷없이 벨을 누르고 나타날 것이다.

낮에 다녀간 친구의 얘기가 자꾸만 생각났다. 어떻게 남편 하나만 쳐다보고 사느냐는 이 친구는 학교 때부터 소문난 친구였다. 지금도 혼자 살면서 거의 매일 남자를 바꾼다고 얘기를 했다. 그까짓 돌아보지도 않는 남편을 쳐다보고 어떻게 사느냐는 것이었다.

이 젊은 부인은 외로움에 못 이겨 결국 수화기를 들고 결혼 전부터 자기를 좋아하던 K씨에게 전화를 했다. 그러자 K씨는 당장 나오라는 것이었다.

오랜만에 만난 두 사람은 하룻밤을 같이 지내게 되었다. 그런데 호텔에서 나오는 두 사람을 목격한 남편 친구가 이 사실을 남편에게 이야기했고 그 결과 두 사람은 이혼을 하게 되었다.

등장인물	개인순위	집단순위	오차	이 유
부인				
남편				
남편친구				
부인친구				
부인 옛애인				

17 최후의 생존자

① 최후의 생존자 상황문을 배부하여 읽게 한다.

② 개인적으로 생존 대상자7명을 선택한다.
③ 집단 참가자가 참께 의논하여 생존 대상자를 선택한다.
④ 실습검토표를 작성한다.
⑤ 서로 피드백을 나눈다.

최후의 생존자

걸프전쟁이 장기전으로 가다가 이라크의 독재자 사담 후세인은 이 전쟁에서 패색이 짙어지자 유전을 폭파하고 비밀리에 준비해 두었던 핵폭탄을 사용하게 되었다. 이 가공할 핵폭발로 인하여 동서반구와 6대주 5대양은 방사능과 화염에 싸여 그야말로 단말마적 지구의 최후가 되고 말았던 것이다.

땅위와 땅속에 살고 있는 동물과 식물, 생명이 있는 모든 것은 삽시간에 없어지고 말았다. 그러나 기적은 어느 경우나 있기 마련인가 보다. 초토가 된 지구의 피투성이 속에서도 꼭 12사람의 생명이 건재하여 숨을 쉬고 있었다. 이것이 하나님의 뜻이었는지….

한편 지구의 지하 깊숙한 연구실에서 지구 최후의 이 날을 대비하여 연구를 거듭해 왔던 한국과학원의 한 과학자 유 박사는 캡슐을 만들어 두었었는데 이제 이 캡슐로 지구상의 방사능이 제거되고 생물체가 생존할 때까지 지구를 떠나 있다가 다시 귀환하여 인류를 다시 시작할 단계에 도달한 것이다. 인간의 생존을 보장하고 있는 현대과학의 완전한 결정체인 캡슐로 지구의 마지막 생존자이며 미래 지구촌의 새 역사적 주인공의 구출 작업을 펴야 할 것이다.

그러나 그 보호 캡슐에는 과학자 자신을 포함해서 오직 8명만이 탑

승할 수 있게 되어 있다. 그러면 지구촌의 유일한 생존자 12명 중 인명 자료를 보고 그 중에서 7명만을 엄선하여 주시기 바랍니다. 자, 새 역사 새 주인공을 뽑아 주시기 바랍니다.

◉ 구조대상자 명단

① 과학자 ② 임신중인 농부의 아내 ③ 탁월한 외교관
④ 용감한 무장군인 ⑤ 올림픽 축구 선수 ⑥ 인기 절정의 여배우
⑦ 트럭 운전기사 ⑧ 저명한 역사가 ⑨ 전과 3범이었으나 개과한 여자
⑩ 16세의 여중생 ⑪ 젊은 성직자 ⑫ 외국에서 유학온 남자 대학생

18 숫자 빙고

20	10	9	23	5
19	14	2	16	13
1	6	21	25	18
15	3	24	4	12
7	11	22	8	17

① 나눠준 종이에 가로 세로 총 25칸의 정사각형을 그린다.
② 25칸 안에 1~25까지 순서에 관계없이 숫자를 기입한다.
③ 지도자가 부르는 숫자에 표시를 하고 가로세로 대각선으로 직선이 정한 개수만큼 나오는 사람이 승리한다.
④ 소규모의 운영에서는 지도자가 숫자를 계속 부르지 않고 숫자에 걸린 사람이 불러도 무방하다.
⑤ 직선이 아닌 X, Y, ㄱ, ㄴ, 블랙, 화이트 등 다른 형태의 모양으로 응용을 한다.
⑥ 두 명 이상이 동시에 빙고를 외쳤을 때에는 가위바위보를 해서 승부를 가른다.

19 신문지 빙고

① 미리 준비된 신문을 나누어 준다.
② 지도자는 단어를 말하고 신문에서 참가자들이 그 단어를 찾도록 유도한다.
③ 글씨를 먼저 찾는 사람이 승리를 한다.
④ 또한 사자 성어, 광고카피, 표어 등 다양한 형태로 제시어를 준다.
⑤ 후에 글씨를 찾아서 새로운 표어 만들기를 실시한다.

20 지폐 빙고

① 참가자들에게 1000원짜리 지폐를 꺼내고 지폐의 일련번호를 확인하게 한다.
② 숫자를 불러서 5개 이상 맞으면 당첨이 된다.
③ 숫자뿐만이 아니라 한글까지 섞어서 하면 더욱 다양하게 이용할 수 있다.
④ 숫자로 했을 때 당첨된 사람이 많을 경우 한글을 이용해서 뽑는다.

4) 노인을 위한 레크리에이션 프로그램

01 두들기고 쓸고

① 왼손으로는 주먹을 쥐고 무릎을 두드리고 오른손 바닥으로는 머리를 쓰다듬는 연습을 한다.
② 대상자들이 동작이 익숙하게 되면 노래에 맞추어서 실시를 한다.
③ 노래하다가 지도자가 "바꾸세요!" 하면 이번에는 오른손으로 주먹으로 무릎을 두드리고 왼손바닥은 머리를 쓰다듬는다.

02 하늘, 코, 귀

① 오른손 검지로 하늘을 가리키면서 "하늘"이라고 외친다.
② 코를 가리키면서 "코"라고 외친다.
③ 귀를 잡으면서 "귀"라고 외친다.
④ 하늘, 코, 귀를 하면서 2~3번 반복을 하면서 3박자의 노래를 부른다.
⑤ 왼손으로는 "코", "귀", "하늘"이라고 외치면서 동작을 따라 하게 한다.
⑥ 양손을 동시에 사용을 하면서 한다. 이 때 노래를 불러준다.

03 상하좌우 모션

① 먼저 양손을 위로 올리는 동작을 하면서 동작을 위로, 아래로, 안으로, 밖으로의 구령에 맞춰 연습시킨다.
② 동작이 익숙해지면 리더의 동작과 반대동작을 취하게 한다.
③ 리더가 양팔을 위로 올리면서 “위로” 하면 참가자는 반대로 “아래로”라는 구령을 부르며 양팔을 내린다.
④ 리더와의 반대동작에 맞춰 노래를 부르며 진행하면 효과적이다.

04 부어, 비벼, 발라

① 부어!(왼손바닥을 펴고, 오른손가락으로 왼손바닥을 두드린다.)
② 비벼!(양손바닥을 비빈다.)
③ 발라!(손으로 머리를 쓸어 올린다.)
④ 먼저 동작을 말과 함께 따라하게 연습을 시키고 게임에 들어갔을 땐 지도자는 말과 동작을 틀리게 한다.
⑤ 동작은 ‘발라’를 하고 말은 ‘비벼’로 한다.

05 내 코, 내 귀

① 벌칙 대상으로 삼고자 하는 사람의 앞으로 가서 그 사람을 향해 '내 코'라고 말하면서 지도자는 자기의 '귀'를 잡는다.
② 대상은 반대로 재빨리 '내 귀'라고 말하면서 자기의 '코'를 가리킨다.
③ 같은 방법으로 지도자가 자기의 '다리'를 가르치며 '내 팔' 하고 말하면 대상은 자기의 팔을 가리키며 '내 다리'라고 해야 한다.

06 사이치기 박수

① 지도자는 대상자를 향하여 몸을 옆으로 돌리고 나서 양 손바닥을 겹쳐서 놓는다.
② 겹친 손 중에 한 손은 위에서 다른 한 손은 아래에서 동시에 교차할 수 있도록 이동시킨다.
③ 대상자는 지도자의 손이 교차될 때 손뼉을 1회를 친다.
④ 지도자는 교차시키는 척하다가 교차시키지 않거나, 교차의 속도를 빠르게 하면서 참가자의 실수를 유도할 수 있다. 337박수를 응용한다.

07 춘향이 이도령 박수

① 춘향아 춘향아(양손 흔들기) 짝짝
② 도련님 도련님(붙잡듯이) 짝짝
③ 춘향아 짝, 도련님 짝
④ 춘향아 도련님 짝짝

08 찌개 박수

① 지글지글(양손바닥을 위로 향하고 손가락을 오므렸다 폈다 한다.)
② 보글보글(양손바닥을 아래로 향하고 손가락을 오므렸다 폈다 한다.)
③ 북한 박수("지그리 동무", "보그리 동무"로 바꾼다－예: 지그리 동무 짝짝, 보그리 동무 짝짝)
④ 일본 박수("지글이노", "보글이노"로 바꾼다.)
⑤ 러시아 박수("지글스키", "보글스키"로 바꾼다.)
⑥ 프랑스 박수("지그셩", "보그셩"으로 바꾼다.)

09 그대 없인 못살아(손유희)

① 아빠 없인 살아도(주먹을 쥔 상태에서 엄지를 폈다가 오므린다).
② 엄마 없인 살아도(검지를 폈다가 오므린다).
③ 친구 없인 살아도(중지를 폈다가 오므린다).
④ 그대 없인 못살아(약지를 펴는데 잘 떨어지지 않을 것이다).

10 집어 놔

① 참가자가 서로 마주 보고 가지고 있는 소지품 중에 하나만을 두 사람의 중앙에 놓는다. 지도자가 "집어" 하면 먼저 빨리 잡는 참가자가 이긴다.

② 익숙해지면 말을 빵이라고 할 때 잡는다고 지시어를 바꾼다.

③ 고무 밴드를 준비하여 두 명당
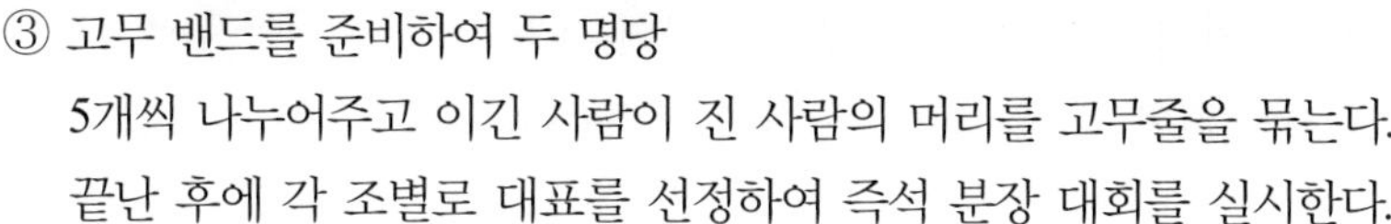
5개씩 나누어주고 이긴 사람이 진 사람의 머리를 고무줄을 묶는다. 끝난 후에 각 조별로 대표를 선정하여 즉석 분장 대회를 실시한다.

11 손가락 줄다리기

① 손수건 양 끝을 두 명이 잡는데 오른손 엄지와 둘째손가락으로 잡는다.

② 호각 소리를 신호로 서로 잡아 당겨 끌어오면 이기게 된다.

③ 이번에는 엄지와 새끼로 해보고 왼손끼리도 한다.

④ 다음에는 두 사람 사이의 손수건을 놓고 오른손을 자기의 이마에 대거나, 혹은 뒷짐을 지고 있거나 서로 등을 대고 서 있다가 집어 신호에 누가 먼저 손수건을 집는지 시합을 한다.

12 나는 왕초보

① 지도자는 두 사람씩 짝을 지운다.
② 가위바위보를 하여 이긴 사람, 진 사람을 가린다.
③ 이긴 사람이 진 사람의 검지손가락을 배꼽에 대고 자동차 시동을 켠다.
④ 두 귀는 운전대, 코는 크락션, 입은 자동차 엔진 소리를 낸다.
⑤ 운전자의 원하는 방향으로 운전하면 자동차는 그에 맞는 소리와 움직임을 취한다.

13 장님과 벙어리

① 소집단원 모두 원형으로 둘러앉아서 조용하고 정숙한 분위기를 조성한다.
② 2인 1조로 편성을 해서 한 사람은 장님 역을 맡고 한 사람은 벙어리 역을 맞는다.
③ 서로 말없이 주위에 있는 사물을 손바닥이나 피부로 만져 보게 한다.
④ 안내자는 가능한 넓은 범위에서 경험을 안내한다.
⑤ 10분 후에 출발점으로 돌아와 말없이 역할을 바꾸어 같은 방법으로 경험한다.
⑥ 출발점인 자기 자리로 돌아와 눈가리개를 벗고 느낌을 공유한다.

14 집단 만들기, 쫓아내기

① 참가자 전원이 1열로 원을 만들어 서서 양손을 잡는다. 그리고 리더의 노래 선창과 함께 다같이 노래하며 오른쪽으로 돈다.

② 가능하면 노래의 박자에 맞춰서 오른쪽, 왼쪽, 가운데로, 뒤로 등 리더의 구령에 따라 몇 발자국씩 움직이며 돈다.

③ 노래하며 도는 도중 리더는 "10사람", "5사람", "남녀 1명씩", "같은 성씨끼리" 등으로 참가자들에게 주문한다. 이 때 짝을 만들지 못한 사람은 탈락이다.

④ 이번에는 쫓아내기를 하여 보는데 먼저 조를 나누어야 한다.

⑤ 예를 들어 전체가 60명이면 리더는 "10명" 하면 자연스럽게 각 조가 만들어지게 된다. 그리하여 자기 조끼리 손을 잡고 돌 때 리더가 아래와 같은 코믹한 주문을 하여 본다.

- 콧구멍이 가장 큰 사람을 쫓아내세요, 가장 잘생긴 사람
- 얼굴이 가장 시커먼 사람, 가장 뻔뻔하게 생긴 사람
- 키가 가장 큰 사람, 엉덩이가 가장 큰 사람
- 코가 예쁜 사람, 입술이 예쁜 사람 ,보조개가 있는 사람

⑥ 이 때 자기 조에서 쫓겨난 사람은 자기 조 외의 다른 조로 들어가는데 "나는 콧구멍이 커서 쫓겨났습니다. 그렇지만 저를 사랑해 주시기 바랍니다."를 하며 각 조에 1명씩 들어간다.

⑦ 그리고 리더는 마지막으로 "가장 잘생긴 사람" 하고 외친다. 그러면 대부분 서로 자동적으로 나가려고 하는데 이런 사람들은 각 조로 들어가지 않고 앞의 무대로 나오게 하여 디스코 경연을 시켜보는 것도 재미있다.

15 연상 릴레이

① 두 편으로 나누어 각 편의 첫 번째 사람을 불러 어떤 낱말을 하나를 지정해 준다.

② 그 사람은 자기편으로 돌아가 두 번째 사람에게 귓속말로 지정된 낱말을 듣고 연상된 다른 낱말을 말하면 그 사람은 그다음 사람에게 같은 방법으로 연상한 낱말을 귓속말로 해나가 마지막에 거꾸로 발표해 나가도록 한다.

③ 끝에서부터 자기가 말했던 것을 발표하면서 처음사람까지 오는 동안에 각 팀은 지도자가 자기 팀에게 처음 말했던 낱말을 맞추어야 하며, 낱말을 맞출 수 있는 사람은 끝에서부터 자신이 연상했던 말을 발표한 후의 사람이어야 한다.

16 찹쌀떡 가래떡 떡볶기 찰떡

① 4명부터 10명, 혹은 그 이상도 할 수 있는 게임이다. 전원이 '찹쌀떡 가래떡 떡볶이 찰떡'을 외치고 난 후 그 순서대로 한 명이 한 글자 씩 말하는 데, '떡'은 말하면 안 되고 박수를 쳐야한다.

② 전원이 찹쌀떡 가래떡 떡볶이 찰떡이라고 제창을 한다.

③ 찹, 쌀, 박수, 가, 래, 박수, 박수, 볶, 이, 찰, 박수, 찹, 쌀…….

17 암탉 사세요!

① 지도자가 오른쪽에 앉은 1번 사람에게 "암탉 사세요!"라고 말하면, 1번은 "그 닭 알 잘 낳습니까?"라고 묻고, 지도자는 "네, 그 닭 알 잘 낳습니다."라고 대답해 준다.

② 1번이 2번에게 "암탉 사세요!" 하면 2번이 1번에게 "그 닭 알 잘 낳습니까?"라고 물어 보는데, 이 때 1번이 곧바로 대답하는 것이 아니라 다시 한 번 지도자에게 "그 닭 알 잘 낳습니까?" 하고 되물어 지도자가 대답하는 대로 다시 2번에게 말해 준다.

③ 2번이 3번에게 또 "암탉 사세요!" 하면 3번이 2번에게 "그 닭 알 잘 낳습니까?" 하고 묻고 2번은 1번에게 1번은 지도자에게 똑같이 빨리 묻는 것을 되풀이한 다음, 그 다음에 지도자가 말한 대로 1번은 2번에게, 2번은 3번에게 대답해 준다.

④ 언제나 대답은 지도자만이 할 수 있기 때문에 지도자에게까지 되물어 오고 그 답을 전해 주어야 한다.

⑤ 지도자가 계속 같은 대답을 해주다가 흥이 무르익으면 "몇 번 말해야 알아!" 하며 등을 두드리면 그 말과 행동을 그대로 전달해야 한다.

⑥ 도중에 제대로 못한 사람은 감점을 하고 지도자는 틀린 사람 옆에 가서 또 놀이를 다시 시작한다.

⑦ 두 편으로 나누어 빨리 진행·전달하는지 경쟁을 시킬 수도 있다.

⑧ 다음에는 "암탉 사세요!"가 아닌 다른 주제를 주어 응용한다.

18 인간 사물놀이

① 4개로 조로 편성을 한다. 그리고 각각의 악기를 지정한다.

② 오른손을 위로(꽹과리)－땅도 땅도 내 땅이다
오른손을 아래로(장구)－덩덕덕 쿵덕
왼손을 위로(북)－둥가리 당당 둥당당
왼손을 아래로(징)－아 징

③ 지도자가 가리키는 강약에 따라 반응을 하도록 유도한다.

19 이름대기 차차차

① 팀을 나누고 인도할 조장을 선출한다.

② 산 이름으로 할 경우 예를 들면 A팀은 "한라산! 한라산! 한라산!

야!"를 외치고, B팀은 "백두산! 백두산! 백두산! 야!", C팀은 "지리산! 지리산! 지리산! 야!", D팀은 "금강산! 금강산! 금강산! 야!"를 외친다.

③ 강 이름, 도시 이름, 동 이름, 나라 이름 등 다양한 형태로 응용을 하여 실시한다.

20 슝그리당당 슝당당

① 적어도 5~6명 정도가 한 팀을 이루어 4개의 팀을 이룬 후에 각각의 팀마다 구호를 준다.

- "슝그리당당 슝당당"
- "아까끼고 또끼고"
- "간장공장 공장장"
- "아기다리 고기다리

② 지도자의 손짓이나 발짓, 또는 몸짓으로 한 팀을 지적한다. 그러면 그 팀은 자신들에게 주어진 부호를 노래로 부르는데, 사회자의 손짓이 높이 올라갈 때는 고음으로, 낮게 내려갈 때는 저음으로 부른다.

③ 한 팀에게 하는 것이 아니라, 사회자의 마음에 따라 이 팀에게, 저 팀에게 왔다갔다하면서 지휘를 한다. 여기서 음이나, 말이 틀리면 벌칙을 받는다.

●•• 쉬어 갑시다!

웃음지수 체크리스트

[평가 방법]

5점(매우 그렇다), 4점(그렇다), 3점(보통), 2점(그렇지 않다), 1점(전혀 그렇지 않다)

Smile for me

1. 나 자신을 좋아한다.
2. 일상의 작은 일에서도 행복을 느낀다.
3. 슬퍼질 때 일부터 더 즐거운 생각을 한다.
4. 실수했을 때 스스로에게 긍정적인 말을 해준다.
5. 잔뜩 긴장된 순간 웃음으로 여유를 찾는다.
6. 힘든 상황에서 나를 웃게 만드는 꿈(비전)이 있다.
7. 하루의 시작을(또는 출근 시) 웃음으로 한다.
8. 혼자 있을 때도 좋은 생각을 하며 웃음 짓곤 한다.
9. 평소 얼굴 표정이 밝은 편이다.
10. 박장대소처럼 큰 소리로 웃는 것이 자연스럽다.
11. 웃음이 건강에 유익하다고 생각한다.
12. 스트레스를 잘 이겨낸다.
13. 생활 속에서 웃음거리를 쉽게 찾아낸다.
14. 나에 대한 충고나 비판을 겸허한 웃음으로 수용한다.
15. 내 기억 속엔 재미있고 즐거운 추억이 많다.

Smile for you

16. 가족(동료)들과 하루에 5번 이상 웃는다.
17. 가족(동료)의 짜증을 웃으면서 들어준다.
18. 가족(동료)들에게 감사의 표현을 자주 한다.
19. 비꼬는 유머나 부정적인 유머를 피한다.
20. 지금 당장 세 개 정도 재미있는 유머를 할 수 있다.
21. 사람들은 즐거운 분위기를 위해 나를 찾는다.
22. 대화를 할 때 많이 웃는 편이다.
23. 화가 나는 상황에서도 먼저 웃으며 화해를 청한다.
24. 낯선 사람에게도 자연스러운 웃음을 지을 수 있다.
25. 다른 사람의 실수를 웃음으로 넘길 수 있다.
26. 웃음을 통해 상대방의 기분을 바꾸어 준다.

27. 다른 사람들의 칭찬을 자주 하는 편이다.
28. 타인의 즐거움을 위해 우스꽝스럽게 행동할 수 있다.
29. 같은 말도 더 재미있게 하려고 노력한다.
30. 대부분의 상황에서 긍정적인 면을 본다.

[평가 결과]

■ 121~150점: 웃음 VIP

유쾌한 분위기를 즐기는 당신은 인생의 멋을 알고 있군요. 매사에 긍정적인 사고 방식을 지니고 있어 웃는 것이 자연스럽고 생활화되어 있습니다. 작은 일에도 행복을 느끼는 당신을 타인을 웃음으로 즐겁게 해주는 천부적인 능력을 가졌습니다. 때문에 사람들은 당신을 보기만 해도 즐거워진다고 합니다. 당신이 가진 긍정적인 생각과 웃음 바이러스를 더욱 더 퍼뜨리십시오.

■ 91~120점: 웃음에 양념을 더하세요.

환한 얼굴로 사람들을 편안하게 하는군요. 하지만 자기만의 웃음이 아닌 타인과 공유하는 웃음에 조금 인색하지 않으신지요. 부정적인 상황을 웃음으로 극복하는 데 서툴 수도 있습니다. 인생의 최고 경영자가 되길 원한다면 불행 속에서 웃을 수 있는 용기가 필요합니다. 웃음의 영향력은 넓어질수록 좋습니다. 그것이 당신을 성장시키는 중요한 열쇠란 사실을 기억하십시오.

■ 61~90점: 생각은 긍정적, 표정은 부정적

기본 마인드나 가치관은 긍정적이지만 자주 웃는 성격은 아니시군요. 기존에 가지고 있던 웃음에 대한 편견들을 버리고 웃어보시기 바랍니다. 웃음은 안에서 밖으로 또 밖에서 안으로 전염됩니다. 백문이 불여일견, 웃는 연습을 통해 행복해진다는 사실을 직접 체험해 보십시오. 지금 당장 시작하시기 바랍니다.

■ 0~60점: 웃음 치료가 필요한 중환자

다른 사람은 배꼽을 잡고 웃는 상황에서도 웃음이 나오진 않나요? 웃음이 부족하다는 건 육체적 질병을 앓고 있다는 것만큼이나 심각합니다. 웃음은 인간의 정신적 호흡중추와도 같습니다. 삶에서 웃음이 주는 유익함을 누리지 못한다면 결코 행복한 인생이 아닙니다. 억지로라도 웃는 연습을 하십시오. 주변에 있는 잘 웃는 사람과 친해지세요. 그리고 웃음을 친구로 맞아들이기 바랍니다. 미친 듯이 한번 웃어보세요.

제3장

생활환경과 건강

제3장 생활환경과 건강

1. 기후와 건강

1) 기후의 개념

기후(climate)란 어떤 장소에서 매년 되풀이되는 정상 상태에 있는 대기 현상의 종합된 평균 상태라고 정의할 수 있으며, 대기현상을 각각 따로 나누어 생각하는 것이 아니라 종합된 전체를 가리킨다. 기상(atmospheric phenomena)이란 대기 중에서 일어나는 하나의 물리적 현상(맑음, 눈, 비, 바람, 고기압, 저기압 등)을 대상으로 대류권 내의 자연현상을 말하며, 일기(weather)란 어느 지역에 있어 하루 동안의 대기현상을 종합한 것으로 말한다.

2) 기후 요소(climate element)

기후는 생물의 서식과 밀접한 관련이 있을 뿐 아니라 인간의 생활에도 영향을 미친다. 기후의 요소는 기온, 기습, 기류(풍속 · 풍향), 기압, 일광(복사열), 강우량, 운량 등으로 이러한 기후요소 중에 기온, 기습(강수 또는 습도), 기류(바람), 복사열(일사 · 일조)은 인간의 체온조절에 중요한 영향을 미친다. 기후 인자로서 기후 요소에 영향을 미치는 요소로서 위도, 지형, 해발, 해류, 수륙분포 등이 있다.

(1) 기온(temperature)

기온의 원인은 태양의 복사열 때문이다. 대기의 온도를 또한 기온이라

하며, 인간이 호흡하는 위치인 지상 1.5m 높이에서 주위의 복사온도를 배제하여 백엽상 안에서 측정한 온도로 정의한다. 1일 중 최저의 기온은 일출 전이며 최고의 기온은 오후 2시경이다. 지구상에서 기온이 가장 높은 지역은 북미대륙의 데스밸리(Death Valley)로 56.6℃이고, 가장 낮은 지역은 시베리아 베르호얀스크의 −67.8℃이나 표준기온은 18~20℃이다.

평균 기온은 높은 곳으로 올라갈수록 점차 내려가며, 대체로 10,000m 이하에서는 높이에 비례하여 하강한다. 이 하강률은 시각에 따라 다른데 일출시에 작고 오후 6시경에 최대이며 흐린 날에는 맑은 날보다 그 폭이 크다. 다시 말해서 기온의 수직분포는 높이의 증가함에 따라 평균 100m에 약 0.56℃씩 낮아진다. 이러한 현상은 대기권의 하층인 대류권에 국한되며, 반대로 높이의 증가에 따라 기온이 높아져서 고도가 높은 곳이 하층부보다 기온이 높은 경우를 기온역전(temperature inversion)이라 한다. 이는 바람이 없이 맑게 갠 날, 춥고 긴 겨울밤, 눈이나 얼음이 얼은 지면에서 잘 나타난다. 기온의 측정은 수은한란계, 최고최저한란계, 자기한란계, 아스만 통풍온・습도계(Assmann aspiration psychrometer), 건구온도계, 습구온도계, 복사온도계 등을 사용한다.

(2) 기습(humidity)

기습 혹은 습도라 하는 이것은 대기 중에 포함된 수분량에 의해 결정된다. 또한 기습은 기온에 따라 결정되며 생물의 생존에 절대 필요한 기온 다음가는 기후요소이다. 낮에는 태양열을 흡수하여 대지의 과열을 방지하고 밤에는 지열의 복사를 방지하여 기후를 완화시킨다.

습도에는 단위체적 안에 포함된 수분의 절대량을 중량이나 압력으로 표시한 절대습도(absolute humidity)와 일정온도에서 포화수증기압에 대한 대기 중에 포함될 수 있는 현존 수분량의 비율(%)인 비교습도(혹은 상대습도)가 있다. 즉 기온이 상승하면 공기 중의 절대습도는 높아지지만 비교습도는 낮아진다. 이 때는 땀의 증발을 촉진시켜 체열 방산에 도움을 준다. 표준기습은 대체로 40~70% 범위이며 15℃에서는 70~80%, 24℃ 이상에서는 40~60%가 적절하다. 실내 습도가 너무 습하면 피부질환, 너무 건조하면 호흡기질환의 발병이 쉬우므로 인공적인 제습과 기습이 필요하다. 기습의 측정은 아우구스트(August) 건습계, 건습구한란계, 모발습도계, 자기습도계, 아스만통풍습도계 등이 있다.

(3) 기류(air movement)

이 기류는 기동 또는 바람이라는 것인데 대기의 온도(열)변화에 의하여 대기가 가열되면 팽창하여 밀도가 작아져서 가벼워진다. 반면에 냉각이 되면 밀도가 커지고 무거워져서 기압의 변화가 나타나며 옥외에서는 이러한 기압의 차이에 의해, 옥내에서는 온도의 차이에 의해 기류가 발생하게 되는 것이다. 기류의 강도를 풍속(m/sec)이라 하며 0.1m/sec는 무풍이라 하고 인간이 느낄 수 있는 기류의 최저 속도는 0.5m/sec이다. 그 이하를 불감기류라 하며 실내와 의복 내에서는 항상 존재하고 있다.

(4) 복사열(radiant heat)

인체는 옥외에서 직접적인 태양의 복사열과 가열된 주위의 물체로부터의 방열로 인한 복사열의 영향을 받는다. 그리고 그 복사열의 영향을 받아서는 실제의 기온보다 높은 온감을 받는다. 옥내에서는 발열체와 주

변 물체로부터 배출되는 복사열을 받아 온감을 느낀다. 복사열은 거리의 제곱에 비례해서 온도가 감소되며 인체의 열복사는 피부온도와 주위 온도가 동일할 때는 발생하지 않으며 주위 온도가 낮으면 체열방산이 일어난다. 복사열의 측정은 흑구한란계(globe thermometer)를 이용한다.

3) 체온조절

(1) 정상체온

항온동물이 체온을 조절하는 기전은 음식물의 섭취로 열량을 얻어 근육에서 열을 생산하는 화학적 조절과 피부나 호흡기로부터 수분증발, 열전도, 열대류, 열복사 등의 열방산에 의한 이학적 조절로 이루어진다. 체온의 정상 범위는 36.1~37.2℃이며 체온이 42℃ 이상일 경우는 신경조직의 기능마비가 발생하며, 30℃ 이하로 떨어지면 각 기관의 기능이 상실되고 회복불능의 상태가 되어 생체항상성(homeostasis)은 파괴된다.

체온과 온감각은 반드시 일치하는 것은 아니지만 온감각은 외부온도와 피부표면에 흐르는 열량과 깊은 관계가 있다. 체온이 높아도 피부의 혈관이 수축되면 혈액순환이 감소되어 춥게 느껴지고, 체온이 낮아도 피부의 혈관이 확장되면 혈액량이 증가하면 온감을 느끼게 된다.

(2) 체온조절의 기전

인간은 음식물을 섭취하여 열을 생산하고 열전도, 수분증발, 열복사, 열대류 등 열방산에 의해서 일정체온을 유지한다. 체온조절의 생리적 기전을 살펴보면 체온조절을 관장하는 중추는 시상하부(hypothalamus)에 있다. 체온조절 중추는 혈류와 감각신경을 통하여 정보를 얻어 말초신경으로 하여금 혈관의 수축과 확장, 골격근의 발한작용, 한선의 발한작용에 관여한다.

표 3-1. 체온조절의 생리적 기전

환경조건	생리적 기전	
추울 때	① 몸의 떨림, 근육긴장 ② 수의적인 운동 증가 ③ T.S.H 분비 증가	열생산 증가
	④ 피부혈관 수축 ⑤ 자태변화(노출체표면 감소) ⑥ 입모(立毛)	열방출 감소
더울 때	① 식욕부진 ② 활동정체, 근육이완 ③ T.S.H 분비 감소	열생산 감소
	④ 피부혈관 확장 ⑤ 발한 ⑥ 호흡촉진 ⑦ 노출피부의 표면적 증가	열방출 증가

체온의 생산은 골격근에서 가장 크고 활동량이 증대될수록 커진다.

체열방산은 대개 피부표면을 통하여 복사 · 전도 · 증발 · 대류 등으로 이루어지고, 안정시 1일 방산량은 2,470kcal 정도이나 경작업시는 2,700kcal로 90% 이상 피부표면으로 방산된다.

체열방산 조절은 체표면적을 통하여 조절하는데, 보통 직립자세에서는 유효복사체표면적은 85%를 나타내며, 앉은 자세에서는 75% 정도이다.

표 3-2. 안정시 1일 체열생산(체중 70kg)

부 위	체온생산(kcal)	비 율(%)
골격근	1,000	59.5
간 장	368	21.9
신 장	74	4.4
심 장	60	3.6
호 흡	47	2.8
기 타	131	7.8
계	1,680	100.0

표 3-3. 안정시 1일 체열 방열량(체중 70kg)

방열의 종류	열 량(kcal)	비 율(%)
피부의 복사 및 전도	1,792	73.0
피부의 증발	364	14.5
폐포 증발	182	7.2
호기가온	84	3.5
대변 및 소변	48	1.8
계	2,470	100.0

4) 고온에 의한 건강장애

(1) 열사병(heat stroke)

열사병은 고온에 의한 열 손상(heat injury) 중 가장 심각한 상태로서, 고온·고습으로 인하여 체내 열 조절 부전(thermoregulatory failure)으로 야기된다.

① 원인

시상하부(hypothalamus)에 존재하는 체온조절 중추의 기능장애에 의한 것으로 고온다습한 환경에서 열 생산의 증가(운동·흥분·감염 등), 열발산 장애(순응부족 · 고온다습 · 탈수 · 비만 등) 등으로 체내에 열이 축적되고, 뇌막혈관의 충혈과 온도상승에 의하여 생긴다.

② 증상

중추신경계의 이상으로 두통, 현기증, 귀울림, 실신, 의식혼미를 가져오고 피부는 뜨겁고 건조하며 홍조를 띠는 무한증(anhidrosis)을 보이고 신체 내부온도(core temperature)는 41～44℃까지 상승하기도 한다. 혈액학적 이상소견은 약 20% 정도밖에 보이지 않으나 나중에는 산혈증(acidosis)을 보인다.

③ 치료

예후는 매우 불량하며 치료를 안 하면 100% 사망하는데 체온이 43℃ 이상일 때는 80% 이상의 높은 사망률을 나타낸다. 그러므로 환자가 발생하면 서늘한 장소로 이동하여 옷을 벗기고 얼음주머니를 목, 겨드랑이, 서혜부에 대어주어 체온을 하강시킨다. 또 기도(airway)를 확보하고 울혈방지와 체열이동을 위하여 얼음식염수(iced saline)나 알코올로 사지 마사지를 하고, 가능하면 5% 포도당액 250ml를 정맥주사하는 것이 좋다.

④ 예방

어린이, 노인, 만성질환자, 심혈관질환을 앓고 있는 경우는 첫 열파(heat wave)에 주의하고, 서늘한 환경에 충분한 휴식 · 수분 · 영양공급에 유의해야 한다.

(2) 열경련(heat cramp)

① 원인

고온 환경에서 심한 운동이나 작업으로 발한이 많아 탈수와 염분(NaCl) 감소, 노폐물 축적, 중추신경과 간 기능 장애가 원인이다.

② 증상

심한 통증의 근육경련이 특징이며 체온은 정상이다. 전구증상으로 두통 · 구역증 · 현기증 · 호흡곤란이 올 수 있으며, 맥박은 빠르나 혈압은 정상이다. 또 혈액 농축, 요량 감소와 함께 혈중 및 요중 염분량이 현저히 감소된다.

③ 치료

환자를 서늘한 곳에 눕히고 체온방산을 촉진시키고 식염 1g을 매 1~3시간마다 증상이 없어질 때까지 투여한다. 그러나 증상이 심할 때는 생리적 식염수 1,000~2,000ml을 정맥 주사한다.

(3) 열탈진(heat exhustion)

① 원인

고온 환경에 심한 작업 등으로 오랫동안 노출되어 말초혈관과 운동신경의 장애, 심박출량 저하로 인한 순환부전(circulatory failure) 때문이며 탈수와 혈관확장이 요인이 된다.

② 증상

전신의 쇠약감, 권태감으로 시작하여 두통, 현기증, 귀울림, 구역증을 호소하다가 차츰 심해지면 허탈(collapse) 상태에 빠져 의식을 잃게 되며 빈맥과 저혈압이 뒤따른다. 체온은 정상이거나 약간 상승하며 피부는 차고 끈끈하다.

③ 치료

서늘하고 쾌적한 장소에 옮긴 후 충분한 수분과 휴식을 취하면 자연히 회복되며, 증상이 심한 경우 2.9% NaCl 정맥주사를 하면 좋다. 순환계통의 합병증이 없으면 예후는 양호하여 회복이 빠르다.

5) 저온에 의한 건강장애

(1) 전신 체온 강화(general hypothermia)

① 원인

장시간 한랭한 기온에 노출되어 체온상실에 따라 발생하는 건강장애이다.

② 증상

혈관확장이 급격하게 일어나고 빠르게 체온도 상실하게 되는 증상이 나타난다. 또한 진정제 복용과 음주는 체온하강을 촉진시키는 위험요소이다.

(2) 동상(frostbite)

① 원인

조직 동결로 인한 세포 조직의 기계적 파탄에 의해 발생하며, 보편적

으로 피부가 얼기 시작하는 온도는 -10도에서 일어나지만 풍속으로 인하여 체온방산이 커져 동상이 빨리 일어날 수 있다. 또한 사지 부분에서 동상이 잘 발생하며 기류가 1초에 1m 이상이면 평균 3도가 하강한다.

② 증상

진행 정도에 따라 1도 동상에서는 발적과 종창이 일어나며 2도 동상에서는 수포형성에 의해 염증, 3도 동상은 국소조직의 괴사 상태가 나타난다.

③ 예방

혈액순환을 위하여 계속적인 신체 움직임이 필요하며 방한구 착용과 기름기가 높은 음식을 섭취한다.

2. 공기의 오염

1) 공기의 조성

공기란 지구를 둘러싸고 있는 일종의 혼합가스를 말하는 것으로, 주로 해발 10km 내의 혼합가스로 99%가 질소와 산소로 구성되어 있고 기타 화학성분이 1%를 차지하고 있다. 공기는 인간의 생명을 유지하는데 필요한 절대적 요소이나 그 존재가치에 대해서는 등한시되어 왔다. 그러나 인류의 문명이 발달하고 교통기관, 공장의 각종 가스와 매연 그리고 방사능물질 등에 의해 오염도가 날로 심각하여 인간의 생명과 건강 장애, 경제적 손실을 초래하므로 중요성과 가치를 인식하게 되었다.

호흡을 통하여 산소(O_2)를 흡입하고 이산화탄소(CO_2)와 수증기를 배출하므로써 공기의 조성은 변한다.

산소(O_2)는 혈중의 헤모글로빈(Hb)과 결합하여 HbO_2로 각 조직에 영양소를 공급하고 조직에서 발생된 이산화탄소를 폐포로 운반하여 호기시 배출한다. 1회 호흡시 약 4%의 산소를 소비하며 안정시 하루 약 3,000*l*의 산소를 필요로 한다.

질소(N_2)는 인체에 직접적인 영향을 주지 않으나 고압환경이나 감압시에는 인체에 장애를 주는 물질로서 공기성분의 78% 정도를 차지하고 있다. 즉 질소는 고압환경에서는 중추신경계 마취작용을 하고 고압에서 급속히 감압을 할 시는 감압병(decompression sickness) 또는 잠함병(caisson disease)을 유발한다.

탄산가스(CO_2)는 안정시 한 사람당 매시 12~20*l* 정도 배출되며, 물체의 연소 · 부패 · 발효과정에서도 생성된다. 실내의 탄산가스 농도가 증가하면 군집독(crowd poison)을 야기하기도 한다.

표 3-4. 공기의 조성과 화학적 성분

성 분	농 도(%)	총질량(millions of tons)
질소(N_2)	78.09	4,220,000,000
산소(O_2)	20.95	1,290,000,000
아르곤(Ar)	0.93	72,000,000
이산화탄소(CO_2)	0.032	2,700,000
네온(Ne)	0.0018	70,000
헬륨(He)	0.00052	4,000
크립톤(Kr)	0.0001	16,000
수소(H_2)	0.00005	190
키세논(Xe)	0.000008	2,000
오존(O_3)	0.000005	190

표 3-5. 산소(O_2)와 이산화탄소(CO_2)의 조성비(%)

구 분	산 소(O_2)	이산화탄소(CO_2)
흡 기	20.93	0.03
호 기	17.00	4.00
동맥혈	19.00	47.00
정맥혈	13.00	52.00

2) 대기오염

(1) 대기오염의 정의

세계보건기구(WHO)는 "대기오염(air pollution)이란 외기의 대기 중에 분진 · 가스 · 가스상 물질 등 유해물질이 혼입되어 그 양 · 질 · 농도 · 지속시간이 상호작용하여 다수의 지역주민에게 불쾌감을 일으키거나 보건상 위해를 끼치며, 인류의 생활이나 생물의 생장방해 및 경제적 손실을 입히는 상태를 말한다."라고 규정하였다.

즉 자연 · 인공적으로 대기 중에 배출된 오염물의 양, 농도 또는 지속시간 등의 과잉으로 인간의 생활에 불쾌감을 주거나 공중위생상으로도 인간과 동 · 식물의 생명과 재산에 피해를 주어 쾌적한 자연을 즐길 수 있는 권한에 장해를 받는 상태를 말한다.

(2) 대기오염원

대기오염은 대체로 연료가 산화하여 에너지를 얻는 과정에서 발생하는 배기가스가 대기에 폐기되어 발생하는 것이다. 이 때 직접 대기로 버려지는 물질을 1차적 오염물질이라 하며 부유입자와 가스상 물질로 나눈다. 또한 일단 배출된 오염물질이 대기 중의 자외선 작용으로 화학반응, 반응물질의 상대농도, 지형 및 온도의 영향을 받아 새로운 오염물질을 만드는데 이를 2차적 오염물질 또는 광화학적 오염이라고 한다.

(가) 1차 오염물질

① 부유입자(aerosol)

부유입자는 먼지(dust), 연기 또는 매연(smoke), 연무(mist), 증기(vapor), 훈연(fume) 등 공기 중의 고체 및 액체상 부유물을 총칭하는 것으로 입자의 밀도, 크기에 따라서 유해 정도가 다르다. 이와 같은 부유입자는 기계적 분쇄 및 응축, 불완전연소, 고온 화학적 과정을 통해서 생화학적 반응, 고온 응축과정을 통해서 생성되어 인간 및 동물의 폐에 침투하고 빛을 흡수・산란하므로 시야를 방해하고 일몰시 붉은 노을을 만든다.

② 가스(gases)상 물질

가스상 오염물질은 연소과정, 액체에서 기체 상태로의 기화과정, 대기 중 화학반응으로 생성된다. 주요 오염물질은 아황산가스(sulfur dioxide), 황화수소(H_2S), 유기화합물, 염화수소(HCL), 불화수소(HF), 질소산화물(NOx), 일산화탄소(CO), 알데히드(aldehydes), 유기증기 등이 있다. 이런 가스상 물질들은 동・식물에 극히 유해하고 광화학 스모그(smog), 눈에 심한 자극과 조직 저산소증(tissuehypoxia)을 유발한다.

(나) 2차 오염물질

대기 중에서 오염물질이 태양복사, 오염물질 농도, 기상조건, 지형 등의 영향을 받아 화학반응을 일으키는 것으로 스모그(smog), 알데히

드(R-CHO), 케톤 등이 생성되며 대표적으로 PAN(peroxyacetyl nitrate)을 들 수 있다.

(3) 대기오염의 영향

(가) 대기환경의 변화

① 산성비

산성비(pH 5.6 미만)는 각종 공장이나 차량 및 화력발전소 등에서 배출되는 황산화물, 질소산화물 및 탄소산화물이 황산, 질산, 탄산 등의 형태로 변하여 빗물에 섞여 내리는 것을 말한다. 산성비는 금속물과 석조물의 부식, 호수나 하천 담수의 산성화로 인한 생태계의 파괴, 농작물과 산림의 피해, 암과 호흡기질환을 유발한다.

② 오존층의 파괴

오존층은 대류권 상부의 성층권 내 고도 25~30km에 위치하며 전체 오존의 90% 이상 차지한다. 이 오존층은 태양광선의 자외선을 대부분 흡수하여 지구 보호막을 생성함으로써 생물을 보호한다. 최근 에어컨, 냉장고, 스프레이어의 분사제나 발포제로 사용되는 프레온가스(CFC)가 자외선에 의해 분해되어 오존의 산소원자와 결합함으로써 오존층을 파괴한다. 남극지역의 오존홀(ozone hole)의 크기가 확대되고 있어 피부암의 증가와 각종 생태계를 파괴하고 있다.

③ 지구온실화 현상

지구온도의 적정수준은 지구가 태양열 흡수와 방출을 균형 있게 함으로써 유지되어 왔다. 그러나 대기오염이 심하게 되면 방출을 심하게 억제하여 지구가 더워져 남극의 빙산이 녹아 해수면이 상승하고 해안지역에서 해수상승으로 인한 홍수피해가 생길 수 있다. 지구온도가 적정수준 이상으로 상승된다면 산림과 농작물의 황폐화나 기상이변 등으로 생태계에 심각한 영향을 미칠 수도 있을 것이다.

지구온난화 원인물질은 이산화탄소 · 메탄 · 이산화질소 · 염화불화탄소 · 오존 등으로 알려지고 있으나, 이 중 온실효과의 50%는 석탄 · 석유 · 천연가스 등의 연소과정에서 발생하는 이산화탄소(온실가스: greenhouse gas)이다.

④ 기온역전

지구의 상층 공간은 대류권, 성층권, 중간권, 전리권 및 외기권 등으로 구분되고 인간의 생활공간인 대류권의 기류는 이동이 심하며, 온도는 100m 상승할 때마다 0.98℃ 하강하는데, 반대로 고도가 상승함에 따라 기온이 상승하는 현상을 기온역전이라고 한다. 이 경우 대기오염물질이 수직 확산이 불가능하여 대기오염은 더 심화되고 대기는 불안전 상태에 놓이게 된다.

(나) 인체 · 식물의 피해

① 유황산화물 (sulfur oxidants)

대기 중의 유황산물(SOx)은 거의가 이산화황(SO_2)이며 삼산화(SO_3)는 SO_2의 1~2% 내외로서 곧 수분과 결합하여 황산(H_2SO_4)을 형성하므로 대기 중에서는 발견되지 않는다. 대기 중의 유황산화물의 구성은 늪지와 소택지의 유기물질이 분해하여 생성한 유화수소(H_2S)가 대기 중에서 오존(O_3)과 반응하여 형성된 SO_2, 즉 유화수소(H_2S)가 산화하여

형성된 SO_2와 인간 활동으로 인해 형성된 SO_2가 직접 대기로 배출된 것이 대부분이다.

황산화물(SOx)이 인체에 영향을 미치는 것은 주로 만성기관지염 등의 호흡기계 질환을 일으키고 장기간 높은 농도에 노출되면 면역력 저하를 가져온다. 유황산화물 중 수분과 반응하는 SO_2는 H_2SO_4, 미스트(mist)를 형성하며 페인트의 수명을 단축시킨다. SO_2, HF, F 등은 농작물의 잎을 고사시키고 성장을 지연시킨다.

유황산화물에 대한 대책은 대기오염의 오염원이 난방 및 취사, 수송기관의 연소용 연료에 기인하므로 유황의 함량이 많은 석탄과 유류의 사용을 억제함으로써 극소의 대책을 꾀할 수 있고, 수력발전과 원자력발전으로 그 사용을 대체할 수 있다.

② 질소산화물(nitrogen oxidants)

질소는 인간의 활동과 자연의 발생 등의 부산물로 생성된다는 것이 일산화탄소와 다를 것이 없다. 박테리아 활동에 의해 NO와 NO_2가 생성되고 인간 활동에 의해서도 NO와 NO_2가 생성되는데, 인간 활동의 부산물 거의 모두가 연료의 고온연소에 의해 질소와 산소가 반응하여 NO와 NO_2가 생성되는 것이다.

질소산화물(NOx) 중에서 NO와 NO_2는 건강에 장애를 줄 수 있으며 NO_2는 NO보다 독성이 7배 강하고 특히 NO는 Hb과 친화력이 CO보다 강하며 Hb의 산소운반 능력을 저하시킨다. 질소산화물의 인체피해는 폐색성 폐질환, 기관지염, 기관지 폐렴, 폐기종 등의 호흡기질환을 야기한다. 식물은 1.0ppm 농도의 NO_2에 48시간 이내 노출될 시 목화, 얼룩제비콩, 꽃상추의 잎에 얼룩반점을 만든다. 또 0.25ppm 이하에서 8개월 이상 노출되었을 시 나뭇잎이 떨어지고 수확이 감소된다. 또한 질소산화물과 질산염은 전화선에 사용되는 니켈과 놋쇠, 용수철 등을 부식시킨다.

③ 탄화수소와 광화학적 산화물(hydrocarbons and photochemical oxidants)

앞에서도 언급한 경우처럼 탄화수소는 1차 오염물질이고 광화학적 산화물은 2차 오염물질이다. 대기로 배출되는 탄화수소는 대기 중의 NO와 반응하여 광화학적 산화물인 2차 오염물질 오존(ozone), PAN (peroxyacyl nitrate), PPN(peroxypropionyl nitrate), PBN(peroxybenzoyl nilrate) 등을 만든다. 즉 탄화수소(HC)는 대기 중의 NO와 공존해서 광화학반응을 일으켜 총산화성물질(oxydant)을 발생시킨다. 이것의 주성분은 O_3로 다른 과산화물을 포함하는데 주로 눈, 상기도 점막을 자극하고 폐기능을 저하시킨다.

탄화수소 중의 에틸렌(ethylene)은 저농도(1ppm)에서 식물의 성장을 방해하고 잎의 색깔을 변화시키고 꽃봉오리 부분을 시들게 한다. 인간에 대한 영향은 방향족 탄화수소가 지방족 탄화수소보다 500배 이상 강력하여 그 수증기를 흡입하면 전신적 장애를 가져올 수 있다.

오존과 PAN류에 대한 대책은 그 전구물질인 탄화수소와 질소산화물에 대한 대책에 좌우된다.

④ 일산화탄소(CO)

일산화탄소는 휘발유 · 석탄 · 디젤유 등 유기물질이 불완전연소되어 발생하는데, 가정 · 산업현장 · 내연기관을 이용한 차량 등에서 $CO_2 + C = 2CO$의 형태로 발생된다. CO는 혈중 Hb과 친화성이 200～300배나

강하므로 혈색소는 CO와 결합하여 카르복시헤모글로빈(COHb)을 형성하므로 혈액의 산소운반 능력을 감소시켜 무산소증(anoxia)을 일으킨다.

⑤ 입자상 물질(particalates)

에어로솔(aerosol), 미스트(mist), 훈연(fume) 및 분진(dust)의 여러 형태로 대기 중에 존재하는 물질을 입자상 물질이라 한다. 대기 중의 입자상 물질은 자연발생에 의한 종류와 인간 활동에 기인한 종류로 구성되어 있다. 자연발생에 의한 것으로 흙먼지, 화산재, 산림화재에 의한 먼지, 바다소금과 자연발생 가스로부터 형성된 입자(황산염, 질산염, 암모니아 등)들이 있다. 또한 인간 활동에 기인한 종류에는 비산된 입자상 물질과 파스 상태의 오염물질에서 형성된 입자(황산염, 질산염 등)들이 있다.

입자상 물질에 의한 피해는 각종 물질에 대해 물질의 화학적 특성에 따라 부식성을 갖는다. 페인트칠을 한 건물의 수명을 단축시키기도 하며 섬유를 오염시키기도 한다. 식물에 있어서는 시멘트의 분진이 나뭇잎에 딱딱한 껍질을 형성하여 광합성을 방해하고 성장이 억제된다.

인체에는 폐에 침투한 입자들이 독성작용을 일으켜 호흡기의 정화기전을 방해하고 다른 위해입자의 제거를 막는다. 또한 흡입된 입자는 자극성 가스분자를 흡수하여 폐 속으로 운반하고 독성을 가진 입자상 물질은 직접적으로 인체에 해를 입힌다.

(4) 대기오염의 대책

대기오염은 오염물질의 다양화와 오염의 증가, 기상, 지형 등에 따라 차이가 있으므로 일률적인 대책은 없으나 건강장애 방지, 자연환경 보존, 경제적인 손실을 방지하는 목적으로 장기적인 대책이 필요하다. 그리하여 환경오염의 감소보다 환경을 파괴하지 않고 성장을 도모하는 방법을 연구하는 데 많은 투자가 필요하다.

(가) 연료대책

① 연료를 가능한 한 적게 사용하는 방안과 열효율을 높이는 방법 등을 연구해야 한다.

② 오염발생이 적은 연료로 대체하여 대기오염을 줄여야 한다. 즉 가정연료는 석탄이나 석유에서 LNG로 교체, 차량의 LNG 사용 등으로 대기오염의 발생을 줄일 수 있다.

③ 석유는 황분, 석탄은 회분 · 황분 · 휘발분이 적은 것을 사용하도록 한다.

④ 매연, 분진, 유해가스 등의 오염물질 발생억제 대책이 필요하다.

(나) 공해 방지 기술의 개발과 보급

각종 공해 발생을 방지할 수 있는 오염 방지 기술에 노력과 투자가 필요하다. 방지 기술뿐만 아니라 오염원을 대체할 수 있는 신물질을 개발하여야 한다.

(다) 입지대책 등 사전조사

환경오염 방지를 위한 그 지역의 지형, 풍향, 기상 입지조건, 급수문제 등을 조사한다. 그리하여 그 지역에 맞는 산업과 굴뚝의 높이와 위치 등을 결정해야 한다.

(라) 자동차 배기가스 대책

대부분의 대기오염의 주범은 자동차이며, 특히 질소산화물과 탄화

수소는 스모그 형성의 중요한 원인이 된다. 궁극적으로 유해가스인 SOx, CO 등의 발생을 줄이기 위하여 재연소장치(afterburner)와 촉매변환기(catalytic converter)로 배기 중의 탄화수소와 일산화탄소를 이산화탄소와 물로 환원시켜 대기오염을 감소시켜야 한다.

(마) 산업구조의 고도화

새로운 제조, 가공의 방법 및 장치 등을 연구하여 오염물질 발생을 억제시켜야 한다. 외국의 고도기술과 정보를 수집하여 우리 실정에 맞는 대안을 모색하여야 한다.

(바) 대기오염 방지에 대한 교육과 계몽

대기오염 방지는 국가, 국민 및 기업이 다 같이 노력하고 국가는 국민이나 기업에 대한 교육이 필요하다. 그리하여 주민들 스스로가 주위환경을 청결하게 하고, 쓰레기 처리문제에 있어서 위생적인 조치를 취할 수 있도록 유도해야 한다. 또한 가정 난방 사용에 따른 대기오염의 심각성을 지적하고 자동차의 매연발산에 대한 위험성을 인식토록 해야 한다.

(사) 법적 규제

대기오염 방지에 대한 기준을 정하여 법적으로 규제를 정한 후 이를 지속적으로 지도, 단속해야 한다. 우리나라 헌법 제35조 "① 모든 국민은 건강하고 쾌적한 환경에서 생활할 권리를 가지며 국가와 국민은 환경보전을 위하여 노력해야 한다. ② 환경권의 내용과 행사에 관하여는 법률로 정한다."라는 데 근거하여 모든 국민이 이를 지킨다는 인식을 가지고 기업도 에너지의 효율화나 오염 방지 기술에 새로운 인식을 가져야 한다.

(아) 오염자 비용부담원칙의 적용

오염자 비용부담원칙(PPP: polluters pay principle)에 입각하여 오염물질을 발생시킨 자가 오염의 정화에 필요한 재정 부담을 시켜야 한다.

(자) 국제적 협력

오늘날의 환경오염에 있어서는 지구는 하나다. 일정지역의 문제는 지구촌 전체의 문제로 특정 국가의 노력만으로는 해결할 수 없다. 따라서 국제기구의 협력을 통한 해결 노력이 절실히 요청되고 있다.

3) 실내 공기오염

현대인은 하루 24시간 중 70~80% 이상을 가정, 학교, 사무실, 실내 작업장, 상가, 음식점 등에서 생활하고 있다. 실내 공기오염은 공장 등지에서 배출되는 먼지나 훈연(fume)이 근로자에게 해당되었으나 오늘날은 가정이나 사무실에서도 유해한 훈연을 야기하는 제품과 기구 사용이 늘고 있고 절연과 방음이 잘되는 내장재를 사용함으로써 환기가 잘 안되어 외부 공기보다도 더 오염된 경우도 있어 관심을 가져야 한다. 실내 공기오염은 외부 오염보다 장기간 인체에 노출되므로써 건강장애는 더욱더 심각하고 특히 실내에서 대부분의 시간을 보내는 노인, 유아, 임신부, 장애인 등은 유해 정도가 더욱 심각하다. 그러므로 쾌적한 실내 환경을 위해서 환기시설을 강화하고 실내 공기오염원을 사전에 예방해야 한다.

(1) 군집독(crowd poisoning)

실내에 많은 사람이 모이면 공기의 화학 및 물리적 조성이 변하여 두통, 구토, 불쾌감, 현기증, 권태, 식욕부진 등의 생리적 이상을 초래하는데 이러한 현상을 총칭하여 군집독(crowd poisoning)이라 하며 유해인자는 온도 및 습도의 상승, 무기류, 구취나 체취, CO나 CO_2 가스 등이 원인이라 할 수 있다.

(2) 흡 연

담배연기 속에는 니코틴, 타르, 일산화탄소 등 수많은 유해인자가 포함되어 있고 심한 대기오염보다 수백 배 이상 오염 정도가 심각하다. 한 예로 대기오염 지역에서의 일산화탄소는 최대 50ppm 이하이나 담배연기 속에는 45,000ppm이나 함유되어 있다. 또 20mg의 타르가 함유된 1개비 담배를 피우면서 마시는 휘발성 유기물질은 대기오염 정도가 최악인 곳에서 1~2주일 동안 마시는 양과 같다. 이처럼 실내 흡연은 본인은 물론 상대방에게까지 폐암, 기관지, 천식, 심장병, 중이염, 눈물, 기침, 콧물 등을 야기한다. 특히 무색·무취한 일산화탄소는 흡연 외에 불완전연소, 석탄가스 등으로 야기되며 실내 공기 중 0.05~0.1% 정도로 증폭된다.

CO는 혈중 헤모글로빈(Hb)과의 친화성이 산소에 비해서 300배나 되어 HbO_2의 형성을 저하시키고 혈중 O_2 농도를 저하시켜 조직 세포에 저산소증을 야기한다. 장기간 노출시에는 지각이상, 조기노화, 신진대사장애, 시력장애를 가져오고 다량이면 운동신경을 저하하고 수족마비를 가져온다.

혈중 COHb 포화도는 10% 미만이어야 하며, 40%에서는 심한 두통·허탈, 60%에서는 혼수·경련·심박동 약화, 70% 이상에서는 사망을 초래한다. 따라서 유해가스가 발생되는 밀폐된 실내는 강력한 환기시설과 적절한 환기가 필요하다.

표 3-6. 혈중 CoHb 농도와 증상

혈중(CoHb) 농도(%)	증 상
10미만	무증상
10~20	경미한 두통, 피부혈관 확장
30~40	심한 두통, 구토, 시력저하, 허탈, 현기증
50~60	맥박 및 호흡 증가, 경련, 혼수
60~70	경련, 혼수, 심장 박동 및 호흡 약화
70~80	호흡저하, 맥박저하, 호흡정지, 사망

(3) 석 면

석면은 규산마그네슘이 주성분으로 공기 중에 섬유 형태의 가루로 분출되어 건강장애를 유발한다. 이 석면은 열과 화학약품에 강하고 전기에 절연성이 있으므로 일상생활용품인 전기다리미, 단열재, 소방피복, 브레이크 라이닝, 석고보드, 석면 슬레이트 등에 다양하게 사용되고 있다. 석면제품에서 나오는 미세한 석면섬유에 장기간 노출되면 석면폐, 폐암 등을 초래할 수 있으므로 사용을 줄이고 대체물질을 개발함이 시급하다.

(4) 라 돈

라돈은 흙, 시멘트, 벽돌 등에 함유되어 있는 방사성 물질로 벽돌집, 시멘트집에서 방사량이 많고 폐암의 원인이 된다. 그러므로 목재가옥과 잦은 환기가 필요하다.

(5) 납

납은 가솔린 옥탄가 상승을 위해서 사용하는 외에 페인트, 장난감, 파이프 등에 사용되며 중독시 심한 신장질환과 뇌손상을 야기한다. 그러므로 어린이가 장난감을 입으로 빠는 일은 피해야 한다.

(6) 먼 지

먼지는 겨울철 난방으로 건조한 곳에 많이 발생되는데 먼지의 성분은 동물성 · 식물성 · 광물성 등 아주 다양하며, 이들은 주로 호흡기, 소화기, 피부, 눈 등에 장애를 야기한다.

대개 5~10μ 정도의 크기는 상기도나 비강에서 배출되나 1μ 정도는 폐포 내에 침착률이 아주 높다. 대개 먼지로 인해 나타나는 장애를 알레르기(alleragy)성 반응, 결막염, 기관지염, 금속중독, 결핵, 인플루엔자, 진폐증, 폐암 등의 원인이 될 수 있다.

(7) 염화비, 염화폴리비닐

호스, 장난감, 카드, 장판류 등 대부분 플라스틱 제품은 발암물질인 염화비닐, 염화폴리비닐을 함유하고 있으므로 흡입되지 않도록 주의해야 한다.

(8) 크레졸

크레졸을 함유한 방향 · 소독제는 제거하고자 하는 냄새보다 더 위해하므로 피해야 한다.

(9) 포름알데히드

대개 단열재, 접착제, 카펫 등에서 발생되는데 장기간 노출되면 여성의 생리불순과 빈혈을 야기한다.

(10) 곰팡이, 각종 박테리아

실내에 기생하는 곰팡이와 각종 박테리아는 호흡기로 들어와 눈물, 콧물 등 감기와 유사한 증상을 일으킨다.

4) 공기의 자정작용(autopurification)

성인의 경우 안정 상태에서 1시간에 500～600*l*의 공기를 호흡하는데 산소를 흡입하고 CO_2를 배출한다. 공기는 교통기관이나 공장에서 배출되는 각종 매연가스, 방사성 물질에 의해 오염되지만 다음과 같이 공기의 자정작용에 의해 어느 정도까지는 공기의 조성이 크게 달라지지 않는다.

① 공기 자체의 희석작용
② 산소(O_2), 오존(O_3), 과산화수소(H_2O_2) 등에 의한 산화작용
③ 강설, 강우 등에 의한 세정작용
④ 자외선에 의한 살균작용
⑤ 식물의 탄소동화 작용에 의한 CO_2와 O_2의 교환작용 등

3. 수질오염

1) 수질오염의 정의

수질오염이란 폐기물의 양이 증가하여 물의 희석·동화 능력이 상실되는 상태를 말한다. 즉 수질오염원에 의해 수중에 정상적으로 존재하지 않았던 물질이 유입되어 물의 물리적·화학적·생물학적 특성이 변화되어 물의 역할에 지장을 줄 정도로 변화가 일어난 상태를 말한다. 이러한 수질오염은 오염물질의 과잉발생, 새로운 신화학 물질, 동화 능력 감소로 자정 능력은 갈수록 심각하게 나타나고 있다.

2) 수질오염원

우리나라 수질오염원은 생활하수, 산업폐수, 농축산 폐수, 기타로 나누어 볼 수 있다. 기타로 농약, 살충제, 방사성 물질 등은 새로운 오염원으로 대두되어 대책이 절실하다. 이러한 수질오염원은 누적화·광역화·다양화되어 건강상 피해는 물론 경제적 피해도 심각하게 나타나고 있다.

(1) 생활하수(domestic wastewater)

가정에서 배출하는 수세변소·욕탕·주방·세탁 등의 가정하수와 각종 공공기관에서 배출되는 도시하수 등이 있으며, 세제류를 제외하면 대부분이 천연 유기성 물질이다. 특히 우리나라와 같이 하수처리시설이 미비한 상태에서는 수질오염의 큰 비중을 차지한다.

(2) 산업폐수(industrial wastewater)

각종 공장으로부터 배출되는 폐수로 산업의 다양화 및 대규모로 인하여 생물학적 분해 가능한 고농도 유기성 물질도 있으나, 고도의 처리를 요하는 난분해성 물질 등도 배출된다. 특히 산업폐수는 업종과 작업 공정에 따라서 현저한 차이가 있으므로 공장시설이 집중된 곳에서의 수질오염이 심각한 문제이다.

(3) 축산폐수(animal wastewater)

축산폐수와 도시하수의 분뇨는 유기물질 함량이 높아 처리에 어려움이 있고 대부분의 축산 가정이 영세하고 상수원 주변에 있으므로 오염원으로서 심각하다. 우리나라의 수질오염의 주요 원인을 발생량과 오염부하(BOD) 기준으로 볼 때는 다음 표와 같다.

표 3-7. 수질오염의 주요 원인

구 분	오염원	발생량(천톤/일)
생활하수 산업폐수 축산폐수	인구 4,747만 폐수배출시설 37,621개소 소 213만두 돼지 5,821만두	15,484 4,068 128
계		19,670

자료: 환경처, 『환경백서』, 2001.

3) 수질오염 사건

수질오염이 인체에 미치는 영향은 오염된 물을 직접 음용함으로써 생기는 것과 오염물질이 어패류나 농작물에 흡입되어 인간에게 간접 섭취되어 생기는 것이 있다. 19세기 중엽 영국에서 콜레라의 만연은 오염된 물을 직접 음용하였기에 발생했고, 근래 일본의 미나마타병과 이타이이타이병은 간접섭취에 의한 대표적인 것이다. 특히 수은, 카드뮴, PCB, 불소화합물, 시안화합물, 비소 등은 축적성 질병을 일으키는 대표적 유해물질이다.

(1) 미나마타병(minamata disease)

1953년부터 1960년 사이에 일본 구마모토현 미나마타만 연안에서 발생한 사건으로 상류에 위치한 신일본 질소 미나마타 공장에서 알데히드초산 제조설비 내에서 생긴 메틸수은 화합물이 유출되어 어패류에 축적된 것을 장기간 먹은 주민에게 발생되었다. 발생연령은 주로 9세 이하와 40세 이상, 태아에게도 태반을 통하여 메틸수은이 감염되어 미나마타병이 발생되었다.

증상은 중추신경계질환으로 사지마비, 청력장애, 언어장애, 시야협착, 선천적 신경장애 등이 나타났다. 장기간에 걸쳐 약 1,600명 정도가 발생되어 300명 가까이 사망하였고 미사망자도 후유증이 심각하여 비정상 생활을 하였다.

(2) 이타이이타이병(itai itai disease)

1929년경부터 1946년 사이에 일본 도야마현 간쓰천 유역의 미쯔이 아연공장에서 아연의 선광, 정련과정에서 배출된 카드뮴(Cd)이 농작물(쌀, 대두)에 오염되고 이를 섭취한 주민들에게 만성중독을 일으켜, 신장의 가는 요관에 병변이 일어나 칼슘의 상실로 골연화증을 야기하였다.

증상으로는 신장기능장애, 골연화증, 보행장애, 심한 요통과 대퇴관절통, 전신통증이 있었다. 요단백이 양성인 잠재성 환자를 포함하여 1,000명 이상이 되었으나 환자는 258명이었고 이 중 128명이 사망하였다.

(3) 가네미(ganemi) 사건

1970년 일본 기타큐슈의 가네미 회사에서 식품공업과정에서 열매체로 사용된 PCB(poly chlorinated biphenyl)가 혼입되어 그것을 먹고 중독증상을 일으킨 사건으로, 증상으로는 식욕부진 · 구토 · 안질 · 피부질환 · 피부암 · 기형아 · 사산 등을 야기하였고, 환자는 1,788명이 발병하여 112명이 사망하였다. 폴리염화비페닐(PCB)는 오늘날 환경호르몬으로서 산업폐기물과 함께 플랑크톤에 흡수되고 이 플랑크톤은 새우 등 갑각류의 먹이가 되고 갑각류는 물고기의 먹이가 된다. 또 물고기는 갈매기의 먹이사슬을 이루면서 인간의 체내에 축적된다. 이것은 내분비계를 교란시켜 생식기왜소증, 생식 능력 저하를 야기한다.

4) 수질오염 지표

수질오염의 지표는 수질의 물리적 · 화학적 · 생물학적 모든 요소를 조사하여 종합 판단하는 데 사용하며, 주로 사용되는 항목들은 생물학적 산소요구량, 용존산소, 화학적 산소요구량, 수소이온농도, 부유

물질, 대장균군 및 세균, 특수 유독물질이다.

(1) 생물학적 산소요구량(BOD: biochemical oxygen demand)

호기성 상태에서 미생물에 의해 안정화되는 데 소비한 산소량을 말하며, 대개 20℃에서 5일간의 BOD(BODs)를 mg/*l* 또는 ppm으로 표시한다. 이것은 물 속에 함유되어 있는 분해 가능한 유기물질의 함유량 정도를 간접적으로 측정하는 데 이용된다. 그러므로 BOD치가 높으면 미생물에 의해 분해되는 유기물질이 많다는 의미로 수질오염과 자정작용의 정도를 예측할 수 있다.

(2) 용존산소(DO: dissolved oxygen)

수중에 용해되어 있는 산소량을 mg/*l*(ppm)으로 표시한 것으로 물의 오염도를 나타내는 하나의 지표이다. 하천수의 오염이 심하면 용존산소의 과다소비로 산소가 결핍되어 혐기성 상태가 되며, 환원이 일어나 H_2S, NH_3, CH_4 등을 발생시킨다. 일반적으로 온도가 낮을수록 기압이 높을수록 용존산소는 증가하며 BOD가 높으면 DO는 낮다. 일반적으로 DO가 5ppm 이하에서는 물고기가 살 수 없으므로 수산용수는 5ppm 이상으로 규정하고 있다.

(3) 화학적 산소요구량(COD: chemical oxygen demand)

수중에 함유되어 있는 비산화성 물질인 유기물질을 강력한 산화제로 화학적으로 산화시킬 때 소모되는 산소량을 mg/f(ppm) 단위로 나타낸 것으로 BOD와 같이 수중의 유기물질을 간접적으로 측정하는 방법이다.

(4) 수소이온 농도(pH)

수중에 함유되어 있는 수소이온량을 표시하는 지수로서 산성의 강도를 나타내고 화학 및 생화학 변화에 중요한 역할을 한다. 자연수는 염류 · 유리탄산 · 강산 · 유기산 등을 함유하며, 함유비율에 따라서 산성 · 중성 · 알칼리성으로 나누어진다. 하천수는 pH가 최소한 5.8～8.6 정도는 되어야 한다.

(5) 부유물질(SS: suspended solids)

유기와 무기의 물질을 함유한 고형물로서 여과 또는 원심분리로 분리되는 0.1μ 이상의 입자를 말한다. 부유물질이 유기물질인 경우는 용존산소를 소모하며 어류폐사를 야기하고 빛의 수중투과율이 떨어져 식물의 광합성 작용을 방해한다. 또 침전으로 인한 오니가 생성되어 혐기성 분해에 의해 유해가스를 발생시킨다.

5) 수질오염의 피해

(1) 수은(Hg)

수은의 오염원은 주로 광산 · 화학합성공업 · 염소공업 · 농약 등의 폐수에 의해 오염되며, 미나마타병이 그 대표적 피해 사례이다. 급성중독은 구역, 설사 등의 위장 증상을 보이며 구내염과 단백뇨를 나타낸다. 만성중독은 중추신경계 장애로 사지마비, 언어장애, 시청각장애, 경련 등을 호소한다.

(2) 카드뮴(Cd)

카드뮴의 오염원은 제련・도금・황산・원자로 등이며, 그 대표적 피해 사례는 이타이이타이병이다.

급성중독은 침입경로에 따라 다양하게 나타난다. 즉 경구섭취시 위점막을 자극하여 구토, 복통, 위염, 오심 등의 위장장애를 야기하고 호흡기로 흡입될 때는 호흡곤란, 급성폐렴, 흉부압박, 두통 등의 증상을 나타낸다. 만성중독은 신장의 가는 요관에 병변이 일어나 칼슘이 상실되어 골연화증을 야기하며 신기능장애, 보행장애, 폐기종 등을 야기한다.

(3) 폴리염화페비닐(PCB)

PCB의 오염원은 도료, 인쇄잉크, 열전도체, 전기제품의 합성 접착제, 폐지재생, 플라스틱 용매 등이며 대표적 사건으로 1970년 일본의 카네미사건이다. 이것은 화학적으로 극히 안정되어 자연환경에 배출되어도 생물에 의해 분해되지 않고 플랑크톤→갑각류(새우 등)→물고기→갈매기 등으로 먹이사슬을 이루면서 체내에 PCB가 축적되어 간다.

PCB는 기존의 살충제인 BHC와 DDT와의 복합독성을 주목해야 한다. PCB의 만성중독 증상으로 손톱과 구강점막의 색소침착, 수족마비, 전신권태 등을 야기하고 내분비계를 교란하여 생식기능을 저하시키고 생식기 왜소를 가져온다.

(4) 불소(F) 화합물

불소의 오염원은 알루미늄 제련, 유리공장, 불소화학공장 등의 폐수이며 적정량 이상(8ppm)을 장기간 음용하면 연골힘줄의 석회화가 진행되어 굴신운동의 장애를 야기한다. 특히 치아가 형성되는 소아기의 불소다량(1.5ppm)의 음료는 치아변색, 범랑질 형성부전, 반상치가 나타난다.

(5) 시안(CN) 화합물

시안의 오염원은 코우크스 공장, 제철소, 전기도금공업 등의 폐수로 급성중독은 현기증, 두통, 의식장애, 체온하강을 야기하여 사망할 수 있다. 만성중독은 두통, 흉복부의 압박감, 구토 증상이 나타난다.

(6) 비소(As)

비소의 오염원은 황산제조공장, 비료제조공장 등에서 배출되는 폐수이며 급성중독은 구토, 체온과 혈압하강, 경련, 혼수를 야기하며 사망을 초래한다. 만성중독은 손발의 각화현상, 청색증, 구토, 체중 감소, 신장염 등을 야기한다. 비소와 비슷한 독소를 갖는 안티몬에 대해서도 허용기준치가 필요하다.

6) 수질오염의 예방대책

① 수질과 배출 허용기준을 강화하고 감시・관리를 지속적으로 한다. 특히 신물질에 대한 새로운 기준을 빠른 시일 안에 마련해야 하고 법을 준수하도록 감시와 관리를 하여야 한다.

② 하수도 시설의 정비와 하수처리장을 확충하도록 한다.

③ 오염관측을 계절별・지역별로 다양화하고 원인분석과 대책을 마련해야 한다.

④ 산업폐수의 처리시설과 가동을 수시로 점검한다.

⑤ 모든 사업에 앞서서 환경영향평가를 먼저 실시한다. 즉 국토계획, 도시계획, 공업입지계획에 수질오염에 대한 영향평가를 사전에 실시하고 이것을 토대로 사업유무를 결정해야 한다.

⑥ 수질보전 사업과 계몽을 실시한다. 특히 국민을 대상으로 수질오염의 피해를 교육하여 수질보전 사업에 스스로 동참하도록 한다.

4. 소음 및 진동

1) 소 음

(1) 소음의 정의

소음(noise)이란 보통 일상생활 주변에서 우리들이 듣기 싫어하는 소리를 총칭하는 말로서, 동일한 소리라 하더라도 소음에 대한 불쾌도는 개인별로 차이가 있다. 즉 소음이란 듣기 싫은 음, 일상생활을 방해하는 음, 불쾌함으로 인한 생리적 변화를 주는 음, 청력을 장애하는 음 등을 말하는데 소음 진동 규제법에서는 소음에 대한 정의를 '기계, 기구 등에서 발생하는 강한 소리'에 한정하여 규제 범위를 정하고 있다.

(2) 소음의 발생원

(가) 인공소음

① 공장소음(작업, 기계 등)

② 교통소음(자동차, 기차, 항공기 등)

③ 도시소음(TV, 선전, 냉난방기, 발전기 등)

(나) 자연소음

① 폭풍

② 천둥

③ 호우

(3) 소음의 영향

소음을 듣게 되면 심장 박동수가 감소하고 말초혈관이 수축하며 호흡 속도가 감소한다. 이렇게 지속될 경우 심장이나 뇌 등에 영향을 끼칠 수 있다. 심리적인 면에서 본다면 언어장애와 수면장애를 일으킬 수도 있고 정서불안과 스트레스를 증가시키기도 한다.

이러한 소음의 발생으로 인한 인체에 대한 영향은 청력, 대화, 작업능률 및 인체에 생리적인 영향을 미친다.

(가) 청 력

일시적인 강한 소리(일시적 난청), 오랜 기간 시끄러운 공장에서 소음(영구적 난청)으로 인한 청력의 손실 등이 올 수 있다.

(나) 대 화

소음이 있으면 대화의 전부 또는 일부를 차폐하기 때문에 대화가 명료하지 않게 된다. 대화에 의한 정보교환은 교육활동, 문화교류, 의사전달 등에 밀접하게 관련되어 있어서 그 방안은 일상생활에 중대한 영향을 준다.

(다) 작업 능률

소음 영향의 크기는 작업의 형태, 인간의 심리, 생리학적 상태, 의지 및 동기에 의존하지만 미리 예기치 못한 소음 등의 경우, 특히 소음의 영향을 받기 쉬운 감시, 정보수집, 분석의 작업은 유해한 영향을 준다.

(라) 생리적 영향

소음에 의해 최초로 나빠지는 증상은 감정이 흥분되고 주의집중이 방해되는데 이로 인해 불쾌감, 생리적 장애로 교감신경에 작용하여 흥분, 불안, 두통, 맥박 및 호흡수의 증가로 생리적 기능에 영향을 미친다.

(4) 소음의 단위

(가) 데시벨(dB)

데시벨(dB)은 인간이 들을 수 있는 음압의 범위와 음 강도의 범위를 상용대수를 사용하여 만든 단위이다. 0dB은 사람이 들을 수 있는 최소한의 소리의 세기이며 10dB은 0dB보다 10배 크고 20dB은 0dB보다 100배 더 큰 소리이다. 즉 10dB이 증가할 때 마다 소리의 세기는 10배씩 증가한다는 말이다. 소리는 표준 상태에서 331m/s의 속도로 전파되며, 세기는 수직한 평면 1m^2에 1초 동안에 통과하는 에너지의 양으로 나타낸다.

(나) 폰(phon)

폰은 감각적인 음의 크기를 나타내는 단위로 1,000Hz 순음의 크기와 평균적으로 같은 크기로 느끼는 크기를 의미한다. 즉, 100Hz, 60dB의 소리는 60폰이다.

그러나 100Hz, 60dB인 소리는 약 40폰이 되며 100Hz의 소리보다 1,000Hz 소리가 더 우리 귀에 크게 들리고 같은 세기의 소리라도 진동수에 따라 다르게 느껴진다. 즉, 같은 dB의 소리도 주파수에 따라 다르다.

이 점을 고려하여 같은 크기의 소리로 들리는 주파수별 음압 수준을 실험적으로 조사하여 표시한 곡선을 등감 곡선(loudness leve contous)이라고 하고, 이 음의 크기인 수준을 '폰'(phon: loudness level)이라고 정한다.

소리에 대해 인간이 느끼는 정도는 소리의 세기, 주파수 등에 따라 다르다. 소음의 크기는 물리적으로 측정한 소음의 세기에 주파수별로 청감 보정을 하여 폰으로 나타낸다.

실제로는 소음계의 A특성(청감 보정)으로 측정한 값을 소음 수준으로서, 폰 또는 dB(A)로 나타낸다. 소음계에는 A, B, C 특성이 있지만, 일반적으로 A특성을 사용한다.

(5) 소음 환경기준

소음 환경기준이란, 국민이 건강을 보호하고 쾌적한 환경을 조성하기 위하여 정부에서 설정한 기준이다.

우리나라 환경정책기본법에 의하면 일반지역 및 도로변지역에 따라 구분하고 낮과 밤에 따라 등가소음도 dB(A)로 규제하고 있다.

소음을 줄이는 방법은 음원을 밀폐시키는 방법, 환기를 시키는 방법, 개구부에 소음기를 부착하는 방법 등을 들 수 있고, 소음을 차단하는 방법에는 소음의 전달경로 사이에 장애물을 설치하는 방법이 있다.

(6) 소음 방지 대책

(가) 소음원 대책

소음원의 대책은 공장소음, 건설장 소음, 교통수단에 대한 소음에 대

한 대책 등이 필요하다. 공장소음에 대해서는 소음 발생이 적은 기계의 사용, 소음기 부착 등이 필요하고 건설소음은 방음 시설 및 무음 해머의 사용이 필요하며 교통소음에 대해서는 자동차와 같은 것에는 머플러를 개량하여 배기 소음을 줄이고 속도제한, 경적제한 등이 필요하다.

(나) 소음 확산 방지 대책

주택지역과의 거리를 고려하여 공장단지의 입지선택, 공장 내의 기계설치 위치, 담장의 설치, 차음벽의 설치 및 소음 발생시설 이전 등의 조치가 필요하다.

소음은 발생원에서 멀리 떨어질수록 적어지기 때문에 발생원과 주거지 사이의 간격을 넓히는 것이 확실한 대책이다.

또한 주거지의 안락한 생활을 영위할 수 있도록 하여야 하며 소음에 대한 법적 기준의 제정 및 철저한 시행이 필요하다.

(다) 기타 대책

① 도시계획 정비 대책

② 소음피해자 관리 대책

③ 소음방지 지도 및 교육사업 전개

④ 행정적 규제

2) 진 동

진동은 소음과 마찬가지로 매개체를 통하여 전달이 되는데 흔들려 움직이는 것을 진동이라고 한다. 즉 흔들림이란 어떠한 물리적인 양의 크기가 시간과 같이 변화되는 현상으로 진폭과 진동수로 결정된다. 이러한 진동은 자연적 진동과 인위적 진동으로 나누어 볼 수 있는데 자연적 진동은 지진에 의해서 발생되며 인위적 진동은 산업장의 기계나 폭발 등에서 발생하는 것으로. 물체의 위치, 전류의 세기, 전기장, 자기장, 기체의 밀도 등이 어떤 일정한 값 부근에서 주기적으로 변하는 것을 말한다.

(1) 진동의 영향

진동수가 3Hz 이하이면 몸이 같이 움직이고 진동수가 4～12Hz로 증가하면 압박감을 느낀다. 20～30Hz에서는 시력 및 청력장애를 일으키고 진동이 오랫동안 가해지면 만성장애가 생긴다.

우리들이 진동을 느끼기 시작하는 것은 개인차가 있지만 대체로 60dB부터이고 잠을 잘 때에는 60dB에서는 거의 영향이 없는 것으로 느껴진다. 그러나 65～69dB부터는 수면에 영향을 준다.

이밖에도 시력을 저하시킨다든가 불안감을 초래하는 등 정신・신경상의 피해를 준다.

(2) 진동의 방지 대책

진동 공해를 줄이기 위해서는 진동원에서 발생하는 진동을 작게 하는 것이 제일 중요하며, 진동이 전달되지 않도록 장애물을 설치하는 것도 하나의 방법이다.

기계에 의한 진동의 발생을 방지하기 위해서는 근본적으로 기계에서 발생하는 진동을 작게 하지 않으면 안 된다. 또 진동원에서 발생하는 진동을 될 수 있으면 지면에 전달되지 않도록 하기 위해 진동원과 기초 사이에 고무를 삽입하여 기초의 면적을 넓게 하거나 무겁게 하는 방법이 있다.

여가생활과
스포츠

제4장

정신건강

제4장 정신건강

1. 정신건강

1) 정신건강의 정의

정신건강은 인간의 정신적인 건강의 유지·증진을 위한 지식과 기술을 발전시켜 개인은 물론 사회가 건전함을 추구하는 공중보건의 한 분야라고 정의할 수 있다. 또는 환경에 적응하여 욕구를 충족시켜 질적인 건강을 추구하는 것이라고 할 수도 있다.

정신건강이 정상이라는 판단기준은 다양하나 대개 자기행동에 책임질 수 있는 능력이 있고, 자기의 일에 충분한 근로 능력이 있고, 인간의 여러 심리장치가 조화를 이루고, 외부자극에 반응·대처가 대부분 사람과 같고 희로애락 등 모든 사고를 적절하게 할 수 있는 상태를 정신적으로 건강한 상태라 할 수 있다.

2) 정신건강의 원리

사회생활은 개체와 환경 사이에 적응(adjustment)의 연속이라 할 수 있다. 따라서 성공적인 적응은 정신건강을 유지·증진하지만, 적응장애(maladjustment)는 정신장애와 나쁜 인격을 형성한다. 적응은 욕구의 만족이고, 이러한 욕구의 만족을 방해하는 여러 가지 어려움이 있다.

(1) 욕구(need)

인간의 욕구는 진부를 열거할 수 없을 만큼 다양하나 기본적 욕구는 다음과 같다.

(가) 생리적 욕구

가장 기본적인 욕구로 성욕, 배설, 수면, 갈증, 피로 등 인간생활의 기본이 되는 것이다.

(나) 안전의 욕구

생리적 욕구가 충족되면 안전하게 살고자 하는 욕구가 생기는데 어린이에게 뚜렷이 나타난다.

(다) 애정의 욕구

친구, 애인 등의 다수의 사람을 그리워하고 사귀고자 하는 욕구로 이러한 욕구가 충족되지 않을 경우 정서적으로 불안전한 상태가 된다.

(라) 자기존중의 욕구

모든 사람으로부터 자신의 인격과 행위가 존경받고 명성을 얻으려는 욕구로 이 욕구가 충족되면 모든 것에 자신감을 얻고, 불만족한 상태가 되면 열등감을 갖는다.

(마) 자아실현 욕구

이전의 욕구가 실현되면 자아를 실현 성취하여 사회적으로 승인을 얻으려는 욕구가 생긴다. 그러므로 올바른 인생관과 적성에 맞는 직업을 선택하여 행복한 성취감을 이룰 수 있도록 해야 한다.

(2) 장애요인

인간은 욕구를 충족하는 데 있어서 여러 가지의 장애요인에 의해서 좌절과 고통을 당하게 된다. 이러한 장애는 환경과 주체장애로 나눌 수 있으나 실제로 엄밀한 구별을 할 수 없기도 하다.

(가) 환경장애

시간과 공간에 의한 물리적 제한과 관습, 금지, 통제, 규제, 법에 의한 사회적 제한이 있다.

(나) 주체장애

지능, 지각 능력, 사고력 등의 유전적 요인과 이상, 편견, 사상 등과 같은 주관적 장애가 있다.

(3) 만족과 불만(욕구 저지)

(가) 만 족

욕구에 의해 행동이 일어나고 장애에 봉착하면 긴장이 생기고 여러 가지 반응이 야기된다. 그 결과 욕구가 충족되면 적응의 상태와 만족을 얻게 되어 정신건강을 유지하게 된다. 이러한 욕구의 만족은 사회적으로 인정되어야 하고, 욕구만족과 아울러 긴장해소가 이루어져야 한다.

(나) 불 만

여러 가지 장애로 욕구가 만족되지 않는 상태를 욕구 저지(불만: frustration)라 하고 두 가지 상반된 욕구가 존재하여 긴장을 가져오는 상태를 갈등(conflict)이라 한다.

2. 정신질환

1) 정신질환의 원인

대부분 정신질환은 원인이 불분명하나 숙주, 병인, 환경적 요소가 관여하는 것으로 생각되며 다음과 같은 요인과 관련이 있다.

(1) 유전적 요인

성장, 지능, 용모, 성품 등의 유전적 특징은 부모로부터 유전적 인자에 영향을 받는다. 정신적 소인이 유전되는지는 좀더 규명을 해야 하나 특정한 정신적 소인은 유전적 요인과 환경의 영향을 받는다. 즉 유전적 소인이 동일한 일란성쌍생아(monozygotic twin) 중 어느 한쪽이 정신분열증 · 조울증 등에 걸릴 경우 나머지 한쪽이 걸릴 가능성이 이란성쌍생아(dizygotic twin)보다 상당히 높고, 천치 · 치매 · 저능아 등 출산에는 유전적 요인이 중요한 역할을 한다.

이외에 염색체 이상형인 클라인펠터 증후군(klinefelter syndrome)과 터너 증후군(turner syndrone) 등도 있다.

(2) 심리적 요인

성장과정의 대인관계가 정신질환에 영향을 미칠 수 있다. 즉 과잉보호 · 공격성 · 거절 · 의존 등은 정신질환에 요소가 될 수 있고, 칭찬 · 수용 · 애정 · 관심을 가져주는 것은 정서발전에 긍정적으로 영향을 미친다.

(3) 사회적 요소

사회적 요인은 정신질환의 양상 · 정도에 크게 영향을 미치는데, 환경 · 사회 및 대인관계를 말한다. 즉, 결혼 · 이혼 · 독신 등의 사회적 불안정이 정신질환에 영향을 미친다. 이외에 사회계층에 따라서 정신질환의 양상이 다르게 나타난다.

(4) 중추신경계 이상

신경은 중추신경과 말초신경 · 자율신경으로 구분되고, 신체의 수의 및 불수의 운동을 지배하고 사고와 의사를 관장한다. 특히 중추신경 계통의 외상 · 감염 · 중독 · 대사장애가 있을 경우, 손상부위에 따라 기억 · 인지력 · 지능 · 운동기능 등이 불안정하고 정서장애를 가져온다.

2) 정신질환의 종류

(1) 심리적 장애(psychological disorders)

(가) 불안장애(anxiety disorder)

인간은 어떤 심리적 충격과 환경에 직면하여 위협을 느낄 때 누구나 불안감을 갖는데 이것은 기본적이고 유용한 정서(useful emotion)이다. 그러나 불안의 정도가 지나쳐 불쾌한 증상을 보일 때 불안장애라고 한다. 즉 불안장애는 생체가 특수한 환경에 적응하고자 할 때 나타나는 기본적 반응이며 인간의 성격발달과 특성을 결정하는 중요한 요소이다.

① 원인

불안을 촉진시키는 요인은 내 · 외적 스트레스라고 할 수 있다. 즉 청소년기의 불안은 내적 갈등이나 주체성 확립을 위한 변화나 예기치 못한 실패나 큰 충격을 경험하는 경우 불안장애가 나타나는 경우가 많다.

성인의 경우 직장해고, 경제파탄, 좌절감, 실패감, 무의미 등으로 불안장애가 나타난다. 또 피로는 불안장애를 증가시키는데, 대개 신체적 요인보다 신경증적 요인이 많고 불안의 초기 증상이다. 이미 신경증적 피로를 호소하는 경우는 중증도의 불안장애가 진행되어 스트레스 상황에서 더욱더 민감하게 반응을 나타낸다.

② 증상

자율신경 계통의 이상으로 심박동이 빨라지고 가슴이 답답하며 소화불량, 어지럼증, 근육긴장 등이 나타난다. 또 감정조절이 어렵고, 불안 · 초조 · 공포감을 느끼며, 부정적인 사고, 지나친 걱정 등으로 고통을 받는다.

특히 만성불안은 신체적 불편함뿐 아니라 무력감을 나타내고, 상복부동통 · 속쓰림 · 설사 · 변비 등이 나타나고, 만성근육긴장으로 여러 근골격 계통의 통증을 야기하며, 요통 · 경부통증의 증상을 나타낸다.

③ 유형

불안장애는 공황장애, 범불안장애, 강박장애, 공포장애 등으로 나눈다.

◉ 공황장애(panic disorder)

공황장애는 스트레스가 많은 현대인에 급격히 증가하는 질환으로 20~50대에 자주 나타나고 남자보다 여자의 발생 빈도가 높다.

증상은 심한 불안발작 형태로 나타나는데 수분에서 수시간까지 지속되고 뚜렷한 장애를 보인다. 즉 급격하고 격렬하게 온몸에 이상을 느끼면서 죽을 것 같은 절박한 상황에 직면하여 호흡곤란, 흉통, 심박동증가, 정신혼미, 사지마비, 동공확장 등이 나타나지만 신체적 이상은 발견되지 않는다. 이러한 발작은 자극과 연관된 것은 아니며 보행 및 운전, 식사, TV시청 중에 갑자기 발생된다.

결국 환자는 발작이 일어났던 장소나 유사한 환경을 피하는 회피행동을 하게 되어 개인의 사회적 기능이 방해되는 공황장애가 생긴다. 특히 발작장소, 유사환경을 피하는 회피행동과 혼자 있는 것을 두려워하고 외출 회피와 외출시 누구와 동행하려는 광장공포증(agoraphonic)이 복합적으로 나타나며 개인의 직업과 사회적 기능에 크게 방해를 가져온다.

이러한 공황장애를 조기치료하지 않을 경우 우울증 단계에까지 이르고 약물 및 알코올 중독 등을 동반하여 높은 자살률을 나타낸다.

◉ 범불안장애(generalized anxiety disorder)

범불안장애는 만성적으로 항상 불안해하는 장애로 공포나 공황발작, 강박관념, 충동 없이 적어도 6개월 이상 지속적인 불안 상태가 되어 주관적인 신경과민과 두려움을 나타낸다.

이 경우 피로, 발한, 빈맥, 근육통, 손발 저림, 구토, 과호흡이 있고 경한 우울증까지 나타낸다. 이로 인하여 주의산만, 집중곤란, 초조감, 불면증을 초래하여 직업 및 사회기능의 손상은 물론 알코올과 약물남용을 동반하기도 한다.

◉ 강박충동장애(obsessive compulsive disorder)

강박충동장애는 강박관념이나 충동에 저항하려고 할 때 나타나는 불안장애로 자신이 다른 사람에게 해를 주지 않을까 두려워하므로 회

피적이고 자신과 타인과의 환경을 조절하려는 강한 욕구를 갖는 것이 특징이다.

강박행동(compulsion)은 강박관념을 조절・수정하려는 의도에서 관련된 불안을 중화 또는 방어하려는 행동으로 자주 손을 씻는 경우라든지, 문의 잠금 상태와 난로의 소화여부를 몇 번씩 확인하는 행동 등을 볼 수 있는데, 이는 전형적인 강박행동의 유형이다.

이러한 강박행동은 공포와 실수에 대한 불안, 완벽을 추구하려는 욕구와 연계되어 있고 주로 20대 후반에 자주 나타난다.

◉ 공포장애(phobic disorder)

공포장애는 특별한 장소, 대상, 상황 등에 직면했을 때 비현실적인 두려움과 불안 등으로 상황의 극복보다는 회피하는 장애이다.

그러므로 공포장애는 회피행동이 심하거나 확대되어 가정, 학교, 직장에서 정상적인 기능을 수행하는 데 장애가 생긴다. 이러한 공포장애는 다음과 같이 나눈다.

- 광장공포증(agoraphobia): 광장공포는 도피가 어렵거나 도움을 받을 수 없는 공공장소에서 느끼는 공포로 이로 인한 정상 활동이 점차 줄어들고, 공포나 회피행동이 개인생활을 지배하고 흔히 공황발작을 동반한다. 이러한 사람은 사회활동, 여행 등에 제한을 받고 멀리 갈 때에는 동반자를 필요로 하게 된다. 발병 시기는 20대 중후반이고, 여자가 남자보다 더 많고, 특히 아동기의 격리 불안이나 갑작스러운 대상 상실이 병인이 될 수 있다.
- 사회공포증(social phobia): 자신을 남들이 주시한다고 생각하고 자신의 행동이 창피를 당하지 않을까 두려워 상황을 회피하고 지속적인 공포를 갖는 것이 특징이다. 이러한 사람은 대중 앞에서의 연설・공연・식사, 이성간 혹은 우월한 사람과의 접촉에 극도의 공포를 갖는다.

• 단순공포증(simple phobia): 단순공포는 광장공포나 사회공포에 포함되지 않는 모든 공포를 말하며, 흔한 형태로 뱀 · 고공 · 어둠 등의 어떤 한 가지 상황이나 대상에 초점을 둔 공포이다. 그러나 공포는 단순공포의 상황이나 대상에 접촉만 없으면 나타나지 않는다. 이러한 단순공포는 아동기에 시작되어 그 후는 대부분 없어지나 성인까지 지속될 시는 치료를 해야 하며 남자보다 여자가 자주 발생한다.

④ 치료

불안장애는 각 대상에 따라 다르나 최근에는 약물, 인지행동치료법을 이용하고 있다.

(2) 정서장애(mood disorders)

정서장애란 감정의 장애가 주된 장애로 인지기능, 정신운동, 정신생리기능, 대인관계 등에 장애가 나타난다. 정서장애로 활동저하를 나타내는 우울 상태와 활동 증진을 나타내는 조증 상태는 정서장애가 갖고 있는 감정의 특성이다. 특히 정서의 변화가 우울 상태와 조증 상태가 주기적 또는 돌발적으로 나타나는 조울정신증도 나타난다.

(가) 우울증(depression)

우울증은 정신건강 문제에서 가장 흔한 말로, 우리말로 허망, 슬픔, 무력감, 자포자기에 해당되는 말이다. 평생 유병률은 15% 정도이고 여

성은 25% 정도로 보고되고 있다.

① 원인

죽음과 관계된 증오심, 질투, 경쟁심, 심한 스트레스, 대뇌의 화학적 불균형, 자신감 부족, 의지박약 등으로 생긴다. 즉 의지대상의 상실이나 박탈, 예기치 못한 사건의 발생으로 우울증이 생기고 이 때 동반되는 복수심 · 분노 · 슬픔 등을 해소치 못하면 우울증을 악화시킨다. 또 뇌 내부의 노아에피네프린, 세로토린 등이 결핍되는 경우 우울증의 원인이 된다.

② 증상

주요 증상은 지속적인 허무, 슬픔, 의욕상실, 절망감, 죄책감, 무능력, 생활의 재미를 전혀 느끼지 못한다. 신체적으로는 가장 흔한 것이 불면증, 과면증, 체중 감소, 무기력, 원인불명의 두통, 소화장애, 변비, 가슴 답답함, 식욕 · 의욕 · 성욕감퇴도 가져와 죽음이나 자살에 대해 생각하게 된다. 또 분노와 공격의 감정으로 평소 가까운 사람을 살인하기도 한다.

③ 자가 진단

자신의 상태와 다음에 열거한 사항을 비교해서 네 가지 이상의 공통점이 있을 때 우울증일 가능성이 높으므로 전문의의 도움을 받는 것이 좋다.

- 작년보다 울고 싶은 심정을 자주 느낀다.
- 불면증과 과면증으로 고통을 받는다.
- 슬프고 우울한 기분을 느낀다.
- 절망감과 자기의 무능력을 느낀다.
- 심한 불안과 초조감을 느낀다.
- 매사에 짜증을 잘 낸다.

- 정력과 사회활동력이 저하된다.

- 삶의 의미가 없다고 생각된다.

- 과거의 즐기던 일에 흥미를 상실한다.

- 식욕이 저하된다.

- 과거에 대한 생각에 너무 집착한다.

- 자신의 모습을 슬프게 생각한다.

- 자부심이 반감 내지는 상실된다.

- 가까운 사람으로부터 많이 변했다는 말을 종종 듣는다.

- 아침시간이 하루 중 가장 힘들게 느껴진다.

- 심박동 증가, 변비, 복통을 자주 느낀다.

- 지나간 시간과 일에 너무 걱정하고 후회한다.

④ 치료

우울증은 정신치료 상담과 약물치료 등으로 완치가 가능하다. 문제는 우울증의 고통을 경시하거나 외면하는 데 있으므로 다음 사항들을 유의해서 치료해야 한다.

- 분노의 이유를 알아 대화로 해결 방안을 찾고, 그 대화가 불가능할 시에는 운동·여행·레저활동 등으로 발산한다.

- 심한 우울증 환자는 자살 방지와 전신 상태 회복을 위해서 입원하여 전문적인 치료를 하는 것이 좋다.

- 항우울제를 사용하여 뇌의 노아에피네프린, 세로토닌 기능을 향상

시킨다.

- 자살행위는 심한 우울증에서 회복될 때 자주 발생하므로 각별한 배려가 필요하다.

(나) 조증(mania)

조증은 과장된 불안 전 상태가 특징으로 30대 이전에 많이 발생되고 대개 우울 상태와 함께 발생되는 양극장애(bipolar disorder)를 갖는다.

조증환자는 분주한 행동과 말의 속도가 빠르고 휴식과 수면을 거의 취하지 않고 성욕 고조, 체중 감소 등을 가져온다. 또 자신의 능력에 비해서 돈의 낭비가 심하고 자신의 중요성에 망상을 가지고 있고, 환상적인 일에 몰두함은 물론 자신감에 큰일을 저지르게 된다. 조증 상태가 심하면 논리적 언어 능력이 저하되고 말이 빠르고 횡설수설하며 고성을 지른다. 또 조그마한 자극에도 흥분과 분노를 쉽게 가지며 욕설과 폭력을 사용하기도 한다.

(다) 정신분열증

정신분열증이란 사고・지각・행동 등의 여러 측면 중에서 특히 사고 체계의 이상으로 인간의 행동과 감정 등에 변화를 야기하며 대인관계 장애를 나타냄을 말한다. 이는 환자 개인은 물론 가정・학교・사회 전체에 심각한 부담을 주는 질환으로, 발병연령은 주로 10대 후반에서 30대 전후에 많이 발생하나 특히 가장 활동적인 20~30세 전후에 가장 흔하다.

대개 남녀 차이는 없으며 어느 민족을 막론하고 약 1%의 유병률을 나타낸다.

① 원인

발병 원인은 분명치 않으나 대개 심리적 요인과 생물학적 요인이 공존하는 것으로 알려져 있다.

② 증상

초기에는 불면증과 신경질적이고 사소한 일에 지나치게 집착하고 말도 잘 하지 않는다. 시간이 지나면서 사고 및 지각장애, 정서와 행동장애, 의사소통의 문제 등으로 이치에 맞지 않는 행동을 반복한다. 신체적 증상으로 무기력, 소화불량, 두통을 수반하기도 한다.

③ 진단

진단은 이치에 맞지 않는 언어 및 감정 표현, 괴이한 행등, 망상, 환청 등의 특징적 증상이 한 달 이상 지속되고 사회 및 대인적 기능장애가 등반될 때 신중하게 진단해야 한다.

④ 치료

정신분열증은 치료가 가능한 병이고 재발과 만성화 방지에 중점을 두어야 한다.

- 치료는 정신치료, 약물치료, 사회재활치료 등을 병행한다.
- 특히 약물치료는 장기간 복용해야 하는 어려움으로 인해 임의 중단되므로 많은 환자가 재발된다.
- 약물치료로 사회활동에 적응하기 힘든 환자는 재활치료를 병행함으로써 독립적 생활이 가능할 수 있다. 특히 재활치료에는 개인차에 입각한 생활과, 일에 필요한 신체・정신・지적 기능을 향상시킬 수 있는 프로그램이 만들어져야 한다.

●• • 쉬어 갑시다!

흡연 자가 진단

각각의 질문에서 하나의 답을 선정하여 나온 답을 통하여 자신의 니코틴 중독 상태를 판별한다.

질문 1: 일일 평균 흡연량은?

a. 10개비 이하 b. 11~20개비 c. 2갑 이상

질문 2: 아침에 잠에서 깨면 1시간 이내로 첫 담배를 피운다.

a. 아니다 b. 그렇다

질문 3: 흡연 금지구역(학교, 공공장소)에서도 흡연의 욕구를 참기 힘들다.

a. 아니다 b. 그렇다

질문 4: 하루 중 참기가 가장 힘든 흡연은?

a. 화장실에서 b. 식사 후
c. 식사 전 d. 아침에 일어나서 1시간 이내

질문 5: 하루 중 가장 많이 흡연하는 때는?

a. 아침 b. 점심 c. 저녁

질문 6: 몸이 아파서 쉴 때에도 담배를 피운다.

a. 아니다 b. 그렇다

질문 7: 1개비의 담배를 어디까지 태우는가?

a. 1/3 정도 b. 1/2 정도 c. 꽁초가 될 때까지

질문 8: 2~3개비의 담배를 연속해서 피우는가? (줄담배)

a. 아니다 b. 그렇다

질문 9: 흡연 습관은?

a. 연기는 안 마신다. b. 일부는 뱉고 일부는 마신다.
c. 다 깊이 들이 마신다.

[흡연 자가 진단 판별]

질문에 대한 답이 a인 경우 1점, b인 경우 2점, c인 경우 3점, d인 경우 4점으로 하여 9항목의 질문의 답을 합산하여 나온 지수를 가지고 판별한다.

■ 건강지수 9~13점

- 당신께서는 흡연을 시작한 지 얼마 되지 않았거나 자제력을 발휘해 줄이려고 노력하고 있다고 보여집니다. 흡연을 시작한 지 얼마 안 되었다면 폐의 오염 정도나 기타 순환기 계통의 질병도 일반 금연자와 큰 차이는 없을 것입니다.

- 지금이 끊기에 가장 적당한 시기입니다. 이 정도의 상태에서는 금단현상이 비교적 참기 쉬운 정도에서 끝나거나 아예 발생하지 않는 경우도 있습니다.

■ 건강지수 14~18점

- 당신께서는 니코틴에 어느 정도 중독되어 있다고 보여집니다. 현재의 건강 상태로 보아 흡연하기 전보다 수명이 1/5 정도 짧아졌다고 볼 수 있으며 질병에 걸릴 확률은 10배나 증가되어 있습니다.

- 이제는 정말 끊어야 할 단계입니다. 더 방치해 두면 폐암 및 각종 합병증에 시달리게 될 것입니다. 당신이 여성이라면 현재 월경에 문제가 발생하고 있을 수 있습니다. 임신했을 경우 유산율이 2배나 높아져 있으며 심장마비를 일으킬 확률은 무려 20배나 높습니다.

■ 건강지수 19~24점

- 당신의 건강 상태는 최악입니다. 당장 병원에 가셔서 건강진단을 해보시고 폐암 등 흡연성 질환여부를 확인해 보시기 바랍니다. 현재 당신의 단계는 혼자의 의지만으로는 끊을 수 없는 심각한 단계입니다. 가족이나 병원 및 금연관련기관을 이용해 금연하실 필요가 있습니다.

- 이대로 방치한다면 5~10년 안에 후두암으로 목소리를 잃거나 폐암에 걸려 사망할 확률이 70%나 됩니다. 여성의 경우 절대 임신을 삼가야 하며 이미 임신한 경우 기형이 발생할 수 있으므로 병원에서 태아의 상태를 자주 확인하셔야 합니다.

♣ 출처 http://www.nosmoke.or.kr/information/infor06.php

여가생활과 스포츠

제5장

체형관리를 위한 휘트니스 트레이닝

제5장 체형관리를 위한 휘트니스 트레이닝

1. 스트레칭

건강의 중요성을 생각하는 사람은 당연히 건강을 유지하기 위해 노력을 할 것이다. 그렇다면 어떻게 운동을 시작할 것인가라는 문제가 생긴다. 이 문제에 대한 답은 바로 새로 시작하는 운동은 준비운동으로 시작해서 마무리운동으로 끝나야 한다는 데에 있다. 본운동으로 진입하기 전과 후의 이행 단계에는, 걷기운동이나 본운동을 약한 강도로 해서 혈액순환을 개선하는 가벼운 운동 실행이 되어야 한다. 준비운동 단계와 마무리운동 단계는 반드시 스트레칭을 수반한다.

고등학교의 체육 수업 혹은 군대에서의 태권도 교육에서 스트레칭을 접한 사람들은 대부분 스트레칭을 평생 동안 꺼리게 된다. 어쨌든 스트레칭은 멋진 운동은 아니다. 스트레칭은 근육을 조각처럼 만드는 것도 근육을 키우는 것도 아니다. 스트레칭은 저장된 지방이나 탄수화물을 연소하는 데 신체에 큰 도움이 되지는 않는다. 그러나 본운동을 위한 준비운동으로 스트레칭만큼 멋진 운동이 없다. 우리의 근육은 에너지에 대한 자연의 환경에 너무도 적응을 잘하고 있다. 우리는 기꺼이 일상생활에서 중력에 맞서 신체를 지탱하거나 책상에 앉아 작업을 하는 경우 최대한 움직임을 짧게 한다. 웨이트 트레이닝, 달리기와 같은 운동에 필요한 근육과 비교하면, 일상생활에서 사용하는 근육은 기준에 미치지 못하고 뻣뻣하며 혈액과 림프의 공급도 상대적으로 부족하다. 뻣뻣하게 굳은 근육에 무리한 운동을 행하게 되면 앞으로 일어날 일에 대해 저항이라도 하는 것처럼 잠시 동안 근육은 더욱 굳어진다. 이러한 저항에 굴복하지 않고 계속 운동을 하게 되면 결국 근육이 늘어나 운동할 준비가 된다. 스트레칭을 하지 않고 운동을 하게 되면 자연을 거스르는 것과 같아 그 결과 필요한 에너지를 낭비하게 된다. 우리는 이것이 좋은 방법의 운동이 아니라는 것을 경험으로 알고 있다. 운동을 하기 전에 스트레칭을 하라. 그렇지 않으면 운동도 오래하지 못하고 그나마 즐거운 운동이 될 수 없을 뿐만 아니라 최악의 경우에는 어느 부위에 부상을 당해 불쾌하게 운동을 마칠 수도 있다. 부상을 당해 좋은 점은 아무것도 없다. 치유가 될 때까지 운동을 전혀 할 수 없고 신체적 증진 또한 가져올 수 없게 되기 때문이다.

스트레칭을 하면 혈액공급이 증가하게 되어 몸이 따뜻해진다. 그 결과 근육에 탄력이 생기고 수축에 반응하는 시간도 빨라진다. 스트레칭은 관절의 가동 범위를 확대하는 데에도 효과가 있다. 바벨을 들어올릴 경우 몸을 최대로 움직여야만 근육에 최대한의 자극을 가할 수 있고, 스트레칭은 움직이지 않던 신체를 움직이게 할 뿐만 아니라 산만하고 불안정한 정신을 차분하게 만들어 준다. 이와 같이 좀더 차분한 상태에서 독자는 독자들의 정신 상태를 잘 파악할 수 있을 것이며 이는 규칙적으로 운동을 할 경우에 더욱 중요하다.

스트레칭의 마지막 이점은 이점이자 경고이기도 하다. 스트레칭이 사고를 예방하는 데 필요 불가결하다는 말은 스트레칭을 하는 중에는 절대로 부상을 당하지 않음을 의미하는 것은 아니다. 근육에게 움직임을 명하면 근육은 수축을 할 뿐이다. 근육을 늘려준다는 것은 이 근육에 맞서는 다른 근육을 수축하게 하는 것이라는 말과 같다. 늘릴 수 없는 근육을 억지로 잡아 늘리려 할 때 문제가 발생한다. 우리는 뼈와 힘줄 사이에 있는 근육을 원하는 곳에 놓으면서 마음대로 근육을 잡아 늘릴 수 있다. 그러나 우리가 강하게 억지로 늘릴 경우 이 근육들은 갑자기 수축하면서 자신들의 힘을 보여주려고 한다. 그 결과 통증이 수반되는

데, 때로는 엄청난 통증이 생기기도 한다. 이러한 현상은 바람직하지 않다. "고통이 없으면 얻는 것도 없다."라는 말은 스트레칭에는 절대로 적용되지 않는다. 현재 스트레칭을 하고 있는 근육들을 주의 깊게 관찰하는 것이 현명하다. 통증이 있는 곳이 근육이 수축하려는 지점이다. 운동으로 이 지점을 부드럽게 밀어 주면 근육은 시간이 경과하면서 더욱 유연해질 것이다. 절대로 서두르지 말고 무리하지 말라. 스트레칭의 규칙은 다음과 같다.

① 스트레칭의 저항에 맞서 펄쩍 뛰거나 몸을 흔들지 말 것

② 손상된 근육을 시험할 때에는 특히 주의하고 통증이 수반되는 근육은 절대로 시험하지 말 것

③ 운동 중 기존의 문제점이 발견되면 주의할 것

④ 한 단계씩 천천히 움직이면서 움직임을 조절할 것

⑤ 숨을 들이마시면서 근육을 뻗고 천천히 숨을 내쉬면서 근육의 힘을 빼고 숨을 돌려 좀더 강도 높은 스트레칭을 할 것

스트레칭은 준비운동과 마무리운동의 중요 부분이지만, 독자들은 스트레칭으로 준비운동을 시작하지 않는 경우도 있다. 독자들은 본운동을 시작하기에 앞서 자전거 페달을 밟거나 트레드 밀을 이용하거나 실내 안을 가볍게 달리는 등 가벼운 운동으로 적어도 5분 이상은 신체를 조절해 주어야 한다. 등을 대고 누워서 몇 분간 공중에서 자전거타기를

하는 것만으로도 체온이 상승한다. 그 결과 폐와 심장은 서서히 운동할 준비를 하게 된다.

일례로, 스트레칭을 이용한 준비운동을 하게 되면, 혈액이 묽어져 혈액순환이 보다 좋아진다. 이렇게 혈액의 흐름을 조절하게 되면 심장에 무리를 주지 않게 된다. 혈액이 진하고 차가운 상태에서 격렬한 운동을 행하게 되면 심장에 심각한 무리가 올 수 있기 때문이다. 자연스럽게 그리고 스트레스를 주지 않고 운동을 할 수 있게 하는 가벼운 운동은, 건강하지 못한 초보자뿐만 아니라 경험이 많고 건강한 사람에게도 역시 중요하다. 스트레칭은 개인별 운동에 대한 준비나 다름없다.

1) 기본적인 스트레칭 10가지

다음은 10개의 기본적인 스트레칭으로 다섯 가지 유형의 스트레칭에 대한 설명을 덧붙였다.

(1) 종아리, 아킬레스건 스트레칭

팔을 쭉 편 상태로 어깨 높이에서 양손을 벽에 댄다. 오른다리를 한 발짝 뒤로 빼고 발뒤꿈치를 바닥에 붙여 무릎은 유연한 상태를 유지한다. 왼다리를 앞으로 내밀어 약간 구부리고 오른다리의 뒷부분은 펴준다. 이 자세를 10초 동안 유지한 후 다리를 바꿔 연습한다.

(2) 팔과 어깨 스트레칭

두 손을 깍지 낀 상태에서 팔을 위로 뻗는다. 손바닥이 위를 향하도록하고 두 팔을 머리 위로 쭉 뻗어 올린다. 이 자세를 10초 동안 유지한다.

(3) 옆구리와 팔 스트레칭

머리 위에서 두 팔을 서로 감싸고 손으로 반대편 팔꿈치를 잡는다. 부드럽게 팔꿈치를 당기고 같은 방향으로 허리를 구부리면서 팔 뒤쪽과 어깨, 옆구리의 근육을 펴준다. 이 때 균형을 잡기 위해 다리는 넓게 벌리거나 무릎을 약간 구부리는 것이 좋다. 반대 팔도 마찬가지로 연습한다. 이 자세를 20초 동안 유지한다.

(4) 대퇴사두근 스트레칭

균형을 잡기 위해 왼손을 벽에 대고 몸 뒤쪽에서 오른손으로 오른발 끝을 잡는다. 발뒤꿈치를 부드럽게 엉덩이 근육쪽으로 잡아당긴다. 이 자세를 10초간 유지한다. 반대편도 이와 같이 반복한다. 이 자세는 무릎에서부터 허리까지의 사두근 전체를 펴주고, 무릎을 너무 뒤로 당기지 말아야 한다.

(5) 둔부와 서혜부 스트레칭

오른발은 앞으로 많이 내밀고, 왼발은 뒤쪽으로 벌린다. 왼다리의 무릎과 발등은 바닥에 닿게 한다. 필요하다면 안정을 유지하기 위해 손으로 바닥을 짚어도 좋다. 발과 직각이 되도록 앞다리를 구부린다. 10초 동안 엉덩이를 천천히 바닥을 향해 민다. 반대쪽을 반복한다.

(6) 슬와근과 등 하부 스트레칭

한쪽 다리를 비스듬하게 뻗은 채 바닥에 앉는다. 반대쪽 발의 발바닥이 다리를 뻗은 다리의 허벅지 안쪽에 닿게 한다. 양손으로 신전하는 발목 부분을 잡고 상체를 굽힌다. 이 자세를 10초간 유지한다. 다리의 뒷부분과 허리 하부가 당겨지는 느낌이 들 것이다. 반드시 반대쪽도 연습한다.

(7) 허벅지 안쪽과 서혜부 스트레칭

바닥에 앉은 자세로 발바닥을 서로 붙인다. 발을 서혜부 쪽으로 잡아당긴다. 팔꿈치를 아래쪽 다리에 대고 바닥을 향해 양 무릎을 부드럽게 밀어 하지외측이 바닥에 닿도록 한다. 허벅지 안쪽 근육에 좋은 스트레칭이다.

(8) 둔부와 슬와근 스트레칭

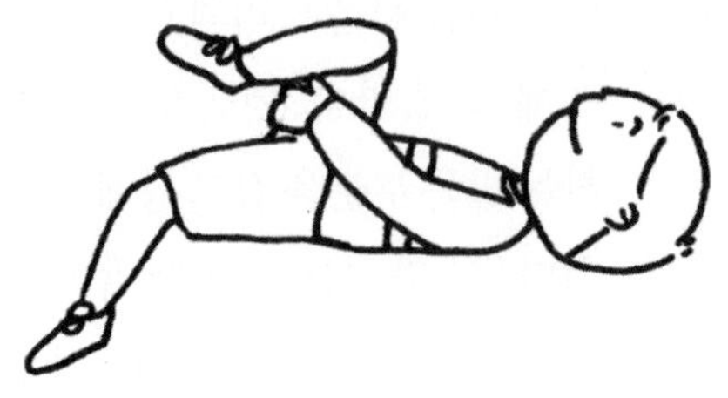

다리를 쭉 편 채 등을 대고 눕는다. 양손을 사용해서 한쪽 무릎을 가슴을 향해 잡아당긴다. 이 자세를 10초간 유지한다. 반대편 다리도 연습한다.

(9) 등 중하부 스트레칭

바닥에 앉아 오른다리를 쭉 뻗는다. 왼쪽 발바닥을 오른다리 너머로 교차시켜 오른쪽 바닥에 완전히 닿도록 꼰다. 왼손을 바닥에 대고 몸을 지탱하면서 왼쪽으로 몸을 기울인다. 오른쪽 팔꿈치를 구부린 왼다리 무릎 바깥쪽에 대고 당긴다. 반대쪽도 동일하게 연습한다.

(10) 경부 스트레칭

등을 대고 누워 양손을 머리 뒤에 놓는다. 가슴을 향해 턱을 천천히 당긴다. 이 때 양손을 이용한다. 천천히 머리를 바닥에 댄다.

2) 역동적인 스트레칭

역동적인 스트레칭은 운동 가동 범위를 넓혀 스포츠 기술을 향상시키려는 운동선수들이 많이 연습한다. 역동적인 스트레칭은 힘있게 팔다리를 휘두르는 것이다. 역동적인 스트레칭을 할 경우에는 관절을 뻗을 수 있는 범위를 넘어 무리하지 않도록 주의해야 부상을 당하지 않는다. 다음의 두 가지 방법대로 하면 역동적인 스트레칭의 안전을 보장할 수 있다.

① 반드시 리듬을 조절해야 한다. 첫 휘두르기를 할 때에는 무리해서는 안 된다. 독자들이 희망하는 긴장 정도에 도달할 때까지 움직임의 폭을 서서히 넓혀야 한다.

② 특히 다리를 스트레칭할 경우, 다리를 휘둘러 손에 닿게 할 수도 있다. 이 때 손으로 스트레칭을 제지한다. 이는 신경 체계가 예상하는 일로 '스트레칭 반동'이 최소화되거나 사라지게 된다. 이러한 특수한 스트레칭은 항상 조심해야 한다.

3) 스트레칭의 유형

스트레칭에는 PNF 스트레칭, 등척 스트레칭, 근막 스트레칭, 정적인 스트레칭 등의 유형이 있다.

(1) PNF 스트레칭

원래 신체 치료를 위한 목적으로 고안된 PNF스트레칭은 파트너와 함께 하는 스트레칭으로, 이 때 파트너는 실제로 스트레칭을 하기에 앞서 스트레칭을 하는 근육을 조심스레 조절하는 역할을 한다. 이는 스트레칭을 하기 전에 근육을 수축해 주면 스트레칭 반동이나 신체-보호 반동을 억제할 수 있기 때문이다. 이러한 반동이 있게 되면 잠재적인 가능성이 있는 행동 범위에 도달할 수 없게 된다. 이처럼 미리 안전장치를 만들어 놓은 것은 매우 보수적이라고 할 수 있다. 그러나 PNF 스트레칭을 제대로 할 경우, 그리고 독자들이 자신의 유연성 정도와 통증을 참아내는 정도를 올바로 알고 있을 경우 매우 안전하다.

(2) 등척 스트레칭(isometric stretching)

PNF 스트레칭과 유사한 등척 스트레칭은 스트레칭에 앞서 고정물체에 대고 목표로 하는 근육을 수축하는 스트레칭이다. 예를 들어보자. 다리를 뻗은 상태에서 스플릿 자세(다리를 일직선으로 벌리고 앉는 자세)로 다소 불편하게 다리를 죈다. 외전근(허벅지 안쪽 근육)을 사용해 다리를 서로 죈다. 물론 바닥이 받쳐 주기 때문에 다리가 서로 미끄러지지는 않을 것이다. 5초 후에는 숨을 돌리면서 더 이상의 불편을 감수하면서 스플릿을 하려고 하지 않을 것이다.

고급반의 경우 30초 동안 긴장을 유지할 수 있다. 미끄러지거나 균형을 잃게 된다면 몸을 지탱해 주는 도구를 사용하는 특별한 운동을 해 보라. 등척 운동의 장점 가운데 하나는 외전근이 강해진다는 것이다. 유연성이 진일보했다는 것은 한 번도 수축되지 않았던 근육의 사용 범위가 조금 넓어졌다는 것임을 명심하라. 이러한 이유로 유연성을 키우는 데에는 과격한 운동으로 인한 부상을 줄이기 위한 힘을 키우는 것이 반드시 수반되어야 한다.

(3) 근막 스트레칭(fascial stretching)

근막(근육을 감싸고 있는 막으로 탄력이 있음)은 관절 주위에 있는 근육을 단단히 쥔다. 롤프(Ida P. Rolf) 박사가 구조적인 섭취(structural ingestion) 즉, 롤핑(Rolfing)을 개발한 이후 근막 스트레칭에 대한 인식이 가능해졌다. 구조적인 섭취는 근막에 효율적이고 자연적인 움직임을 부여하여 신체의 움직임을 자연스럽게 하는 방법이다. 근막 스트레칭은 심층 조직을 조정하는 것이기 때문에 반드시 유능한 물리치료사나 자격을 갖춘 전문가의 손에 맡겨야 한다. 근막 스트레칭은 개발된 지 얼마 되지 않지만 움직임의 영역을 영구히 확장하려고 하는 사람에게는 매우 유용하다.

(4) 정적인 스트레칭(static stretching)

천천히 그리고 서서히 조절하면서 온몸을 움직이는 정적인 스트레칭은 가장 안전하고 보편적인 스트레칭 기술이다. 제대로 된 스트레칭은 다음과 같다. 약간의 긴장을 느낄 정도로 스트레칭을 한다. 이 자세를 15~25초 동안 유지한 후 천천히 숨을 내뱉는다. 숨을 돌린 후 좀더 강도 높은 스트레칭을 하면 된다. 여기에서 중요한 것은 호흡이다. 갑자기 스트레칭 자세를 취하거나 풀어서는 절대로 안 된다.

과도한 스트레칭을 하게 되면 부상을 당할 수 있다는 것을 반드시 명심하라. 과도한 스트레칭을 할 경우 독자들의 신체에 부착된 안전장치

가 경고를 하게 된다. 통증이 찾아오는 것이다.

통증으로 근육이 단단해지게 되는데, 독자들은 아마도 이것을 원하지는 않을 것이다. "고통이 없으면 얻는 것도 없다."라는 문구는 스트레칭에 어울리지 않는다. 핵심은 통증이 아니라 숨을 돌리는 것이다. 본 장에서 소개된 10개의 기본 스트레칭은 모두 정적인 스트레칭이다.

2. 웨이트 트레이닝 시작하기

가장 효과적인 건강 프로그램의 방법은 유산소 운동과 무산소 운동을 적절히 결합하는 것이다. 이 두 가지 운동법이 신체에 미치는 영향을 살펴보면 필자가 왜 이 말을 하는지 이해할 수 있을 것이다.

1) 유산소 운동(aerobic exercise)

빠른 속도로 움직이는 근육의 움직임에 점차 몸을 맡겨라. 그동안 심장이 뛰는 속도를 주시하라. 일단 시작하면 적어도 20분 이상 지속하라. 그리고 적어도 일주일에 세 번 운동하라.

이 처방을 따른 후 건강이 좋아졌다는 소문이 돌자 전 세계의 사람들은 일제히 일어나 달리기를 시작했다. 사람들은 폐활량이 늘어나면서 옆구리의 통증과 같은 병약함의 징후가 사라지는 것을 지켜보며 만족해했다. 달리기를 하지 않는 사람들은 달리기를 하는 사람들이 늘어놓는 이야기, 즉 꾸준한 운동으로 달리는 시간과 거리가 점점 늘고 있다는 이야기를 듣고 있어야 했다. 또한 덜 지루한 이야기이긴 하지만 우리의 조상이 풀밭에서 백만 년 동안이나 먹이감을 추격했다는 사실을 들먹이며 달리기가 완벽한 운동이라는 이야기를 늘어놓는 사람들 때문에 곤혹스러웠다.

달리기를 하는 도중 부상을 당한 적이 있어서 달리기를 못마땅하게 생각하는 사람들은 이에 대한 이의를 제기할 수도 있지만, 달리기 처방은 아직까지도 큰 영향력을 발휘하고 있는 것처럼 보인다. 어떻게 이런 일이 가능할 수 있었는가?

그러나 심장질환이 있는 중년층은 현대인들보다 두려움을 많이 느꼈기 때문에 일부러 약한 기관에 더욱 많은 스트레스를 가한다는 것은 이치에 맞지 않는다. 일반적으로 많은 의사들은 마흔을 넘긴 환자들에게 과격한 운동을 피하라고 충고하였다.

조심스런 태도를 취했던 사람들은 신체를 전혀 움직이지 않고 앉아서만 생활을 하는 것이 얼마나 위험한지를 간과했다. 특히 책상에 앉아 과중한 업무를 보는 사람의 신체는 심장에 무리를 주게 되어 심장과 동맥에 손상을 줄 수도 있다. 심장은 놀라울 정도로 강하고 튼튼한 조직으로 살아있는 동안에는 매초마다 수축을 한다. 현미경으로 관찰하면, 길게 가지를 뻗은 심장 세포와 추간 연골은 다른 조직과는 전혀 다르다. 심장 벽에 복잡하게 얽혀 있는 신경 그물망을 보면 심장은 신체의 신호에 즉각 반응한다는 것을 알 수 있다.

예를 들어 사무실에서 작업을 하고 있는 사람의 경우 몸을 움직이지는 않는다 하더라고 여전히 업무에서 오는 스트레스를 받고 있다는 것을 생각해 보라. 신체를 거의 움직이지 않기 때문에 이 사람의 폐에는

최소량의 공기만이 드나들지만 업무에서 오는 스트레스는 더 많은 양의 산소를 요구하는 신호를 보낼 것이다. 바로 이 순간에 심장은 일시적인 구원의 손길을 보낸다. 그 결과 심장 박동수가 빨라지게 된다. 이 방법은 능률적이진 않지만, 산소로 가득 찬 혈액을 퍼올려서 이용 가능한 혈액량을 증가시키는 데에는 효과적이다. 그러나 그 결과는 만족스럽지 못하다. 폐의 수용 능력이 아직 기준에 미치지 못한 상태에서, 느리지만 강한 심장 박동이 갑자기 빠르고 약하게 바뀌었기 때문이다. 이와 같은 비생산적인 심장 박동의 변화는 외부세계의 스트레스를 신체에 전환하는 우리의 전형적인 행동방식이다.

그렇다고 자그마한 스트레스를 처리할 수 없을 정도로 신체가 무력한 것은 아니다. 폐는 저장 능력이 뛰어나고 남용을 저지하는 능력을 갖추고 있다는 점에서 심장에 비견할 만하다. 다만 심장과 폐의 작용 방식은 사뭇 다르다. 심장이 조밀하고 근육질인 데 반해 폐는 무수히 많은 조직으로 이루어져 있을 뿐만 아니라 거대하다. 구멍이 많고 탄력적인 폐에는 큰 연골관이 있는데 이 연골관은 미세한 작은 낭으로 크기가 줄어들 수 있다. 이 미세 낭에서는 붉은 혈액 세포가 줄지어 서서 산소와 이산화탄소를 교환한다. 앞서 기술한 사람의 경우 폐의 기능이 저하되고 있지만 폐가 호흡을 하는 것이 아니기 때문에 아무런 이상이 없는 것처럼 보인다. 폐를 꼭 감싸고 있는 근육과 뼈는 폐를 위해서 호흡을 해야 하며 궁극적으로는 체내의 모든 근육이 자발적으로 호흡을 해야 한다. 그렇지 않으면 우리의 폐는 움직임을 멈추거나 움직임이 둔화될 것이다. 바로 이 순간에 유산소 운동이 등장한다. 우리는 기능이 저하된 상태에서 폐와 심장이 움직임을 멈추지 않도록 의자에서 일어나 몸을 움직인다. 유산소 운동 중 산소에 대한 심장과 폐의 반응은 상이하다. 아무래도 유산소 운동의 가장 큰 장점은 건강하지 못했을 때와 비교해서 안정을 취할 때나 과도한 업무로 시달릴 때의 심장 박동이 많이 줄어든다는 데에 있을 것이다. 이는 체내에 산소를 공급하는 운동을 하는 여러 이유 가운데 하나에 불과하다. 체지방이 연소되고 혈압이 정상화되며 에너지 수치는 상승한다. 콜레스테롤의 균형도 개선된다. 흡입된 산소량이 많아지면 동맥과 모세혈관이 튼튼해질 뿐만 아니라 숫자도 늘어난다. 신장과 간, 뇌, 폐, 피부에 있던 이산화탄소 및 기타 독성 물질도 몸 밖으로 배출되게 된다. 간에서는 중요한 효소들의 생산이 증대된다. 호르몬도 균형을 이루게 된다. 4개의 면역 요인도 활성화된다. 이뿐만 아니라 유산소 운동은 우울증 등의 정신적 문제를 치료하는 데에도 효과가 있다.

유산소 운동에는 여러 가지 방법이 있기 때문에 보다 쉽게 적응하는 방법을 찾을 수 있다. 가장 대중적인 유산소 운동은 걷기이며 의사들도 종종 매스컴에 나와 걷기를 추천한다. 헬스클럽에도 다양한 종류의 유산소 운동 기구가 있어 선택의 폭이 넓다. 실내 자전거, 계단오르기(climbing) 머신, 트레드 밀, 보트젓기 기구 및 실내 조깅용 트랙, 웨이트 트레이닝에도 산소를 흡입하는 탁월한 방법이 있다. 프로그램을 짜게 될 다음 내용에서는 유산소 웨이트 트레이닝의 효과를 알아볼 것이다. 기타 유산소 운동에는 수영, 자전거타기, 달리기가 있다.

2) 목표 구간 심박 훈련

유산소 운동에 관한 처방을 보다 자세히 살펴보자. 필자는 운동 중

에 심장 박동을 늦추지 말라는 점을 문제 삼고 있는 것이다. 이유는 간단하다. 운동의 속도가 너무 느리면 운동의 효과가 거의 없을 것이다. 또한 운동의 속도가 너무 빨라도 부정적인 결과를 얻게 될 것이다. 구체적으로 말하면, 심장 박동 속도가 목표 속도 구간을 상회하면 심장에 긴장을 초래하게 되고 근육도 손상을 입을 수 있다. 심장이 이 속도를 계속 유지하게 된다면 신체에 필요한 산소를 충당할 수 없게 된다. 이와 같은 상태에서는 저장된 지방을 연료로 사용할 수 없게 되어 근육에서 에너지를 끌어올 수밖에 없다. 결국 운동으로 얻고자 하는 효과를 얻지 못하게 된다.

최대 심박수는 220에서 나이를 뺀 숫자이다. 운동 범위는 최대 심박수의 70~90%에서 결정된다. 예를 들어보자. 마흔이 된 사람이 목표로 하는 맥박수 범위는 126~162이다. 운동을 시작할 때에는 낮은 단계부터 시작해서 건강이 좋아지면 서서히 높은 단계로 상향 조절한다.

운동 중에 그리고 운동을 마친 직후 맥박을 잰다. 엄지손가락을 사용하지 말되 세게 누르지 않는다. 신체의 어느 부위에 대고 맥박을 재야 할지 맥박을 재는 부위를 알지 못하면 손목이나 관자놀이부터 재보는 것이 좋다. 20초 동안 맥박수를 세어(초침이 있는 시계가 필요하다) 6을 곱하면 맥박/심장 박동수를 구할 수 있다.

3) 무산소 운동

기분이 나아진다는 것을 포함하여 유산소 운동의 모든 장점에도 불구하고 유산소 운동만으로는 부족하다. 유산소 운동의 부족한 점은 무산소 운동으로 해결할 수 있다. 이름에서 알 수 있듯이 무산소 운동은 산소를 이용하지 않는 운동이다. 산소 없이 운동을 하는 이유는 무엇일까? 유산소 운동 광신자들이 사뭇 진지하게 이 질문을 던지곤 한다. 이들의 주장에 의하면 무산소 운동은 오히려 혈압을 갑자기 상승시키거나 떨어뜨리기 때문에 심장 혈관계에 해를 주게 된다. 건강을 유지하기 위해서는 무산소 운동을 피해야하는 것처럼 말이다. 그러나 스피드 스케이트 선수, 단거리 선수, 단거리 수영선수를 위시해서 무산소 운동을 하는 건강한 운동선수들 때문에, 이들 중 어느 누구도 공공연히 무산소 운동을 그만두라고 강력하게 주장하지는 않는다. 이들 운동선수들은 스포츠에 필요한 힘을 키우기 위해 단시간에 집중적으로 힘을 쏟아 붓는 운동이 필요하다는 것을 알고 있다.

무산소 운동의 목표는 힘을 키우는 데 있으며 여타의 어떤 운동보다도 효과가 좋다. 가장 효과적으로 많은 수의 근섬유을 자극하는 방법은 온 힘을 기울여 웨이트를 드는 것이다. 전에 간과했던 무산소 운동의 장점들을 좀더 살펴보자. 일례로 유산소 운동으로 단련한 근육보다 무산소 운동으로 단련한 근육의 경우 내구성이 더 좋다. 골격이 되는 근육을 강화하게 되면 림프계와 심장 혈관계의 혈액순환이 개선될 뿐만 아니라 신체가 균형을 이루게 된다. 무산소 운동은 운동 후 수일 동안 체내에 저장된 지방을 연소시켜 준다. 또한 무산소 운동은 주요 관절을 강화해 준다. 이와 달리 유산소 운동은 관절의 연골 부분에 긴장을 가해 손상(마모)을 초래하게 된다.

신진대사를 활성시키는 효과 역시 유산소 운동보다 무산소 운동이 뛰어나다. 무산소 운동을 한 후에도 수일 동안 신진대사 속도가 상승한

채 그대로 유지된다. 이는 운동 중 근육에 생긴 미세한 손상부위를 치유하려는 대규모 계획이 체내에서 진행되고 있기 때문이다. 바로 이와 같은 치유 계획 때문에 근육을 강화하는 데 유산소 운동보다 무산소 운동의 효과가 높다. 무산소 운동은 뼈를 치유하는 데에도 가장 효과적이다.

완벽한 건강 프로그램을 수행하는 데에는 이 두 가지 유형의 운동이 모두 필요하다. 반드시 이 두 가지 운동을 병행하도록 한다.

3. 프로그램 짜기

웨이트 트레이닝 프로그램에는 덤벨(아령) 및 바벨(역기)을 들어올리는 특별한 기술, 즉 근육을 만드는 기술이 요구된다. 일상생활에서 하던 일을 멈추고 덤벨을 들어올린다 치자. 덤벨을 들어올리게 되면 뇌의 명령을 받아 이두근이 수축하고 덤벨을 내리게 되면 삼두근이 수축한다. 신경이 근섬유에 자극을 주면서 이두근과 삼두근이 수축한다. 덤벨을 한두 번 들어올릴 경우에는 이두근을 이루는 많은 근섬유 중 소수의 근섬유만이 이용된다. 웨이트 트레이닝은 최대한 많은 근섬유를 최고조로 이용하는 기술을 알려준다. 웨이트 트레이닝을 한 후 회복할 시간을 갖게 되면 서서히 근육이 커지게 된다.

이와 같이 근육이 커지는 것을 일컫는 이상발달(hypertrophy)의 결과 근육 내의 미오글로빈이 증가한다. 헤모글로빈과 마찬가지로 철분을 함유한 색소를 일컫는 미오글로빈은 근섬유의 산소 저장소 역할을 한다. 미오글로빈이 증가하면 근육 세포는 보다 용이하게 에너지를 생산할 수 있고 내구력도 강해진다.

웨이트 트레이닝은 근골격 체계 전반에 직접적인 영향을 준다. 웨이트 트레이닝은 근육과 동일하게 뼈에도 스트레스를 준다. 스트레스를 받은 결과 뼈를 비롯하여 힘줄과 인대, 그리고 연골이 재생되고 보다 강해진다. 그뿐만 아니라 관절에 붙어 있는 조그만 주머니 모양의 연골인 활액낭의 활액과, 주위를 감싸고 있는 연골과 힘줄 사이에서 영양분도 보다 원활하게 교환된다.

1) 웨이트 트레이닝 프로그램의 기초

(1) 반복(repetitions)

웨이트 트레이닝에서 가장 먼저 배워야 할 운동 형태는 미리 정한 숫자까지 멈추지 않고 덤벨/바벨을 들었다가 내리는 일이다. 운동을 멈추었을 때 더 이상 들어올리기가 힘들 정도의 무게를 선택한다. 정확하게 이 형태의 트레이닝을 여러 번 반복하는 것을 '반복'(repetitions)이라고 한다.

(2) 웨이트 트레이닝 시작하기

여러분은 웨이트 트레이닝에 전혀 관심이 없을 수도 있고 헬스클럽에 가서 웨이트 트레이닝을 하는 것이 별로 도움이 되지 않는다고 생각할 수도 있다. 하지만 웨이트 트레이닝은 모든 사람에게 유용한 운동으로, 괴력의 무게를 들어올릴 필요도 보디빌더가 될 필요도 없는 독자들로서는 바벨에 손을 대지 않아도 된다. 근육을 건강하게 하든 아름답게

다듬든 여러분의 건강과 욕구에 꼭 맞는 것이 바람직한 웨이트 트레이닝이다. 특수한 부위의 근육을 최적의 상태로 훈련할 수 있는 현대적인 웨이트 트레이닝 기구도 있고, 헬스클럽에서 운동을 하게 되면 전문가의 조언을 들을 수 있을 뿐만 아니라 동료의 도움을 받을 수도 있고 교우관계를 넓힐 수도 있다. 혼자 힘으로 건강해질 수도 있지만 친구와 함께라면 보다 쉬울 것이다.

(3) 초보자가 해야 할 것과 하지 말아야 할 것

① 웨이트 트레이닝 프로그램을 시작하기 전에 의사와 상담하라.

의사에게 여러분의 의도를 밝혀 웨이트 트레이닝에 관한 의사의 조언을 구하라. 헬스클럽 안에서든 밖에서든 여타의 건강 프로그램을 시작하기 전에 의사와의 상담을 거치는 것이 실용적이다.

② 복장이 적당한지 그리고 웨이트 트레이닝 프로그램 중에 사용하게 될 기구가 적당한지 점검하라.

- 면 소재의 준비운동복
- 면 소재나 라이크라 소재의 짧은 반바지
- 티셔츠나 스포츠용 셔츠
- 방한을 위한 긴팔 셔츠
- 충격흡수가 잘 되고 바닥이 넓은 슈즈

③ 적절한 운동 시간을 선택하라.

식후 바로 운동하지 마라. 운동 전에 너무 많은 물을 마시게 되면 오히려 근육에 혈액과 수분을 공급하는 데 장애가 된다. 이 경우 위에서 많은 양의 수분을 소화해야 하기 때문에 탈수나 경련이 올 수 있다. 식후 한두 시간 후에 웨이트 트레이닝을 하라.

④ 공복에 운동하지 말라.

운동 한두 시간 전에 탄수화물을 섭취하라. 탄수화물이 에너지로 사용된다는 사실을 잊지 말자.

⑤ 물을 많이 마셔라.

운동 중에는 15~20분마다 140~170g의 물을 마셔라.

⑥ 몸이 아프거나 통증이 있을 때에는 운동하지 말라.

⑦ 가능하면 혼자서 운동하지 말라.

⑧ 자신에게 맞는 목표를 세워라.

- 운동일지를 사용하라.
- 단기간의 목표를 세워라
- 달성 가능한 목표를 세워라
- 목표 달성을 위한 운동 계획을 짜라!

⑨ 운동 전후엔 반드시 스트레칭을 하라.

⑩ 무리가 가지 않는 무게를 사용하라.

⑪ 소극적인 운동법과 적극적인 운동법을 동시에 사용하여 천천히 반복하라.

적극적인 운동법(동심 수축)은 시작부터 마치기까지(들어올리기) 진행되며, 소극적인 운동법(편심 수축)은 마치기에서 처음으로(저항) 진행된다.

스트레칭 → 유산소 운동 → 웨이트 트레이닝 →

독자들을 건강으로 이끄는 몇 가지 기본적인 방법을 제시하였다. 그러나 이는 시작에 불과하다. 이제 세부항목을 살펴보자. 여러분의 개인적인 목표를 달성하기 위한 프로그램을 세울 핵심적인 방법을 살펴보자.

2) 실전 웨이트 트레이닝

(1) 올바른 무게(weight) 선택

거의 기력이 빠질 만큼 반복을 하는 변수는 바로 웨이트이다. 목표에서 겨우 두세 개를 더 들어올릴 수 있는 웨이트를 선택하라. 목표 이상으로 더 이상 반복할 수 없는 웨이트는 너무 무겁다. 서너 개를 더 반복할 수 있는 웨이트라면 너무 가볍다.

(2) 세 트

목표 횟수만큼 반복을 한 후 휴식을 취하기까지가 한 세트이다. 휴식을 취하면서 세트를 반복할 준비를 한다. 세트와 세트 사이의 휴식은 유산소 리프팅의 경우 20초에서 무산소 리프팅의 20분에 이르기까지 다양하다.

(3) 최대 동작 범위

이는 매우 중요한 웨이트 트레이닝 기술이다. 근육 운동을 위해서는 최대한 크게 움직여야 한다. 단순하게 들리겠지만, 막상 운동을 하게 되면 이 단순한 기술에는 보다 많은 의미가 들어 있음을 알게 될 것이다. 우선, 완벽하게 신경을 쓴다고 하더라도 천천히 움직이게 되면 최대한 크게 움직일 수가 없다. 시작에서 마칠 때까지의(들어올리기) 적극적인 동심 수축 동작에서부터 마치면서 시작할 때까지의(내리기) 소극적인 편심 수축 동작에 이르기까지, 매순간 수축 운동을 배열하고 질을 결정하는 것은 근육 신경 세포와 관련이 있다.

(4) 호 흡

운동의 움직임에 대한 자각에는 호흡에 대한 자각이 포함된다. 물론, 호흡은 유산소 운동의 중요 부분이지만, 기나긴 유산소 운동을 한창 반복하고 있는 운동선수는 고의로 자연스럽지 못한 의도적인 호흡을 하지 못할 것이다. 만약 여러분이 완벽한 상태에 도달하지 못했거나 호흡량이 적다고 가슴 아파하지 말라. 반복적인 운동을 꾸준히 하는 동안, 여러분은 천천히 리듬을 타면서 호흡하기를 원할 것이다.

그러나 웨이트 리프팅의 동작은 별개의 문제이다. 호흡은 이들 정교한 동작을 완성하기 위해 중요한 부분이다. 다시 말해 호흡의 유형을 숙지할 필요가 있다.

우선, 윗몸일으키기와 같은 운동의 경우 독자는 때때로 운동 전에 숨을 들이마신다. 엎드려서 움직이지 않을 때에 숨을 들이마셨다가 상체

를 일으키면서 숨을 내쉬고 등이 의자에 닿도록 몸을 낮추면서 숨을 들이마신다.

반면, 무릎을 굽혀 웅크리고 앉기를 할 때에는 사정이 달라진다. 무릎을 굽혀 운동을 시작할 때에 숨을 들이마시고 무릎을 펴서 몸을 꼿꼿이 세우면서 숨을 내쉰다.

이 두 운동의 경우 숨을 쉬는 지점은 다르지만, 기본적인 숨쉬기 방법은 동일하며 이는 거의 모든 운동에서도 마찬가지이다. 여러분이 지켜야 할 가장 단순한 지침은 다음과 같다.

좀더 이완된 부분의 운동을 할 때에 숨을 들이마셨다가 힘을 주면서 내쉬면 된다. 다른 호흡법으로는 내 몸에서 가까워질 때 들이마셨다가 내 몸에서 멀어질 때 내쉰다고 볼 수 있다. 코와 입을 사용하여 횡경막 깊이 숨을 최대한 들이마셔라. 숨을 내쉴 때에도 반드시 완전히 내쉬어라.

스트레스를 받게 되면 사람들은 숨을 멈추는 경향이 있는데 심지어 목숨을 잃는 경우도 있다. 웨이트 트레이닝의 매우 중요한 규칙은 숨을 참는 것이다. 위에서 언급한 웅크리고 앉기나 무릎 굽히기는 이 규칙을 지켜야 하는 이유를 설명하는 데 좋은 운동이다. 웅크리고 앉은 자세에서 몸을 일으키게 되면 자연스럽게 횡경막 근육이 수축하여 운동 중에 있는 다른 근육에 도움을 준다. 횡경막이 수축하면 숨을 내쉴 때처럼 폐에 압력이 가해진다. 바로 이 순간에 숨을 멈추게 되면, 숨을 삼키거나 멈추었을 때 기도를 차단하는 연골판인 후두개(epiglottis) 부위 조직에 손상을 줄 수도 있다. 따라서 두 가지 이유에서 웨이트 트레이닝을 할 때에는 의도적으로 숨쉬기 유형에 따라야 한다. 우선 유형화된 호흡은 최대의 에너지를 이용해 운동을 하는 데 도움이 되며 이와 동시에 우발적으로 숨을 멈추지 않도록 한다.

(5) 유산소 웨이트 트레이닝

유산소 웨이트 트레이닝은 반복 횟수가 많고 세트 사이의 휴식이 짧다. 일정 정도 유산소 웨이트 트레이닝은 다른 유산소 운동처럼 심장 혈관의 내구성을 발달시켜 주지만, 점차 운동에 사용하는 웨이트의 무게를 늘려주면 근육 발달도 동시에 일어나게 된다. 이는 여타의 유산소 운동이 낼 수 없는 효과이다.

<표 5-1>에는 세 가지 조건에서의 유산소 운동 프로그램이 대략적으로 소개되어 있다.

표 5-1. 유산소 웨이트 트레이닝의 조절수준

반복 횟수가 적은 유산소 웨이트 트레이닝		
주	운동 반복 횟수	운동 세트 횟수
1	20	3
2	25	3
3	30	3
반복 횟수가 보통인 유산소 웨이트 트레이닝		
주	운동 반복 횟수	운동 세트 횟수
1	35	2
2	40	2
3	45	2
반복 횟수가 많은 유산소 웨이트 트레이닝		
주	운동 반복 횟수	운동 세트 횟수
1	50	1
2	55	1
3	60	1

(6) 무산소 웨이트 트레이닝

무산소 웨이트 트레이닝은 단시간에 에너지를 집중적으로 분출하여 리프팅하는 운동이다. 무산소 웨이트 트레이닝의 목표는 여러분이 행하는 모든 일을 수월하게 수행할 수 있도록 절대적인 힘을 키우는 데 있다. 힘든 동작을 하는 대신 반복의 수를 줄인다. 다시 말해 반복 횟수를 하나에서 시작해 서서히 늘린다. 세트 사이의 휴식도 길다. 최고 15회까지 반복을 할 때에는 동작을 적절하게 하고 휴식은 상대적으로 짧게 한다.

<표 5-2>는 무산소 운동의 범위와 최저 반복 횟수와 최고 반복 횟수 사이에 걸맞는 무게를 제시한다. 한 번 들 수 있는 최대 무게를 비율(%)로 제시하였다.

표 5-2. 유산소 웨이트 트레이닝의 조절 수준

선택 1: 매우 무거운 무게		
운동 세트	세트당 반복	최대 무게의 백분율
6	1~2	95
6	3	90
6	4	85
선택 2: 무거운 무게		
운동 세트	세트당 반복	최대 무게의 백분율
5	5	80
5	6	75
5	8	70
선택 3: 중간 정도의 무게		
운동 세트	세트당 반복	최대 무게의 백분율
4	10	65
4	12	60
4	15	55

(7) 목 표

단기간에 달성할 수 있는 목표를 정하고 기록한다. 운동일지를 기록해 두면 목표달성을 위한 단계를 놓치지 않게 된다. 사진을 비롯해 많은 정보를 기록할 수 있는 운동일지를 구입한다. 프로그램 전체를 기록한 후 운동기간과 운동강도 등에 관한 사항을 빠뜨리지 말고 꼼꼼히 기록한다. 기록을 하지 않은 채 기억에만 의존하면 자신의 정확한 운동 프로그램을 수행할 수 없다.

(8) 위가 행복한 상태에서 운동하라

적절한 운동 시간을 선택한다. 절대 식후에 바로 운동을 하지 말라. 소화 과정은 많은 양의 혈액과 림프를 요구하는 복잡한 과정이다. 배가 부른 상태에서 운동을 하게 되면 과도한 양의 혈액과 림프가 동시에 많은 곳에 필요하게 되어 심장 혈관계에 지장을 주게 된다. 구토에서부터 경련에 이르기까지 그다지 유쾌하지 않은 상황과 함께 탈수현상도 찾아올 수 있다.

반면에 공복에 운동을 하는 것 역시 피한다. 음식물이 전혀 없는 상태에서는 저장된 글리코겐이 부족하여 필요한 에너지를 얻을 수 없다. 이를 방지하기 위해 운동 한두 시간 전에 탄수화물을 섭취하는 것이 좋다. 그리고 운동 중에는 15~20분마다 140~170g 정도의 많은 양의 물을 마시도록 한다.

4. 무리한 운동

웨이트 트레이닝은 강도 높은 건강 프로그램이다. 점차 체력이 좋아지면 운동강도(웨이트)를 조절해야 한다. 체중 감소나 체중 증가와 같은 특별한 프로그램의 성공여부는 운동의 강도에 따라 다르다. 물론 모든 사람들은 열심히 운동을 한다. 특히 처음 운동을 시작해 운동의 재미를 발견할 때에 사람들은 매우 열심히 운동한다. 이들 중 몇몇은 운동의 속력을 더하기 위해 휴식시간을 줄이고 운동시간을 늘리기도 한다.

그러나 명심하라. 지금까지 즐거웠던 것이 하루아침에 사라져 버릴 수도 있다. 헬스클럽에서 웨이트 트레이닝을 하면서 느꼈던 재미 대신에 재미없게 지금 내가 여기서 무엇을 하고 있나 하는 감정이 찾아올 수 있고, 심지어 운동을 하는 사람들은 초췌하니 비쩍 마를 수도 있으며, 힘겨운 운동의 대가로 금방 잠이 들어 숙면을 취했던 것과는 달리 불면증에 시달릴 수도 있다.

이러한 증상들은 무리하게 운동을 함으로써 발생한다. 무리한 운동에 대한 경고로서, 면역력이 저하되어 갑자기 감기나 유행성 독감에 걸리거나 식욕이 감퇴하거나 지속적으로 통증을 느끼기도 한다. 통증을 예로 들어보자. 두 가지의 통증이 있다. 하나는 무리한 운동으로 나타나는 증상이고, 다른 하나는 꾸준하게 무산소 운동을 할 경우 피로물질이 쌓여 자연스럽게 느끼게 되는 통증이다. 무산소 운동으로 근육은 미세한 외상을 입게 된다. 외상의 마지막 단계에서 아미노산이 수소 이온인 수소기프롤린을 운반하게 된다. 이 물질은 24～48 시간 안에 체내에 퍼지게 되는데, 이 물질에는 부식성이 있어서 근육의 신경 말단에 많은 자극을 가하게 된다. 소위 지연 근육통(DOMS: delayed onset muscle soreness)은 심장 호흡의 강도를 강화하여 보다 효율적으로 독성 물질과 노폐물을 몸 밖으로 배출하는 프로그램으로 조절하면 없앨 수 있다.

갑자기 피로를 느끼는 등 무리한 운동 증상이 찾아오면 가장 먼저 식습관을 살펴야 한다. 여러분은 얼마나 충실하게 영양공급 지침을 따랐는지 솔직하게 관찰해야 한다. 음식을 충분히 섭취했는지, 특히 탄수화물과 단백질을 균형 있게 섭취했는지, 그리고 소량으로 나누어 하루에 대여섯 끼를 먹었는지 살펴라. 운동으로 신체의 요구 사항이 증가했기 때문에 영양공급을 소홀히 하면 곧 인슐린의 균형이 깨져서 피로를 느끼게 된다.

식이요법을 점검한 후 독자들이 겪는 문제의 원인이 무리한 운동이라는 것을 알게 되면, 휴식이 웨이트 트레이닝 프로그램의 필수 요건이라는 것을 명심하고 해결책으로서 휴식을 취한다. 좀더 강도 높은 운동을 하게 되면, 독자들의 신체 역시 긴 회복시간을 필요로 한다. 이 책에 소개된 운동주기는 일정한 간격을 두고 일주일에 3~5번 하는 것이 적당하다. 필자는 운동 요일과 쉬는 요일을 바꿔가며 리듬에 맞춰 운동할 것을 추천한다. 그렇게 하지 않으면 근육을 키우는 대신 오히려 파괴하게 되어 건강을 위한 노력이 수포로 돌아갈 수 있다. 다음은 무리한 운동을 해결할 수 있는 몇 가지 제안이다. 대부분의 제안은 근육통(DOMS)을 줄이는 데에도 효과가 있다.

① 여러 방법으로 운동의 강도를 낮춰라. 일례로 세트와 반복의 횟수를 줄여라. 운동시간을 줄이고 싶지 않다면, 첫째 날에 가슴과 등을, 둘째 날에 어깨와 팔을, 셋째 날에 허벅지와 장딴지 운동을 하는 식으로

운동 부위를 나눠라. 정기적으로 날을 잡아 최고 강도로 운동을 한다면 일주일의 간격을 두는 것이 좋다. 소극적 동작을 피하는 것도 무리하게 운동을 하지 않는 방법이다. 소극적 동작은 상당히 무거운 바벨/덤벨을 사용하는 것이다. 소극적 동작의 일부를 행하되 파트너의 도움 없이는 적극적 동작을 하지 말라. 기량이 뛰어난 운동선수들 사이에서 소극적 동작은 인기가 있지만, 소극적 동작의 기법상 엄청나게 많은 양의 세포가 손상을 입게 되어 대개는 운동을 무리하게 되는 경우가 많다.

② 반드시 정확한 동작의 리프팅 기술을 사용하라. 몸을 비틀지 말고 천천히 그리고 부드럽게 동작을 최대한 크게 하라. 웨이트가 지나치게 무거우면 자세가 흐트러지게 된다. 그 결과 운동과 직접적인 관련이 없는 근육까지 동원이 되는, 소위 속임수(cheating) 현상이 일어난다. 이러한 방법은 정확한 동작을 취한 뒤에 마지막 1~2회 하는 경우 외에는 쓰지 않는 것이 좋다. 탄도 리프팅(ballistic lifting) 역시 피해야 할 속임수이다. 탄도라는 말에서 알 수 있듯이 통제할 수 없을 정도로 강한 웨이트의 저항이 리프팅의 궤적을 결정하게 된다. 기술이 좋아야 리프팅 조절이 가능하다.

③ 일반적인 식이요법 점검 외에도, 앞서 언급했듯이 비타민/미네랄의 영양 보충 상태를 점검하라.

④ 술과 담배, 환각제를 피하고 건강한 생활습관을 실천하라.

⑤ 운동 사이에 충분히 휴식을 취하고 낮에 20분 정도의 낮잠을 한두 번 자는 것도 좋다.

⑥ 월풀과 사우나, 열탕, 냉탕, 마사지와 같은 다양한 치료법을 이용하라.

⑦ 운동 중 강한 정신력을 유지하면 이득이 된다. 운동 전에 운동하는 자신의 멋진 모습을 상상하는 습관을 길러라. 이와 같이 마음속으로 동작을 연습하면 놀라울 정도로 강한 에너지가 솟아오르게 된다. 많은 사람의 경험에서 알 수 있듯이, 매일 명상의 시간을 따로 챙기면 스트레스를 낮추고 집중력도 향상된다.

⑧ 통증을 느낄 정도로 피곤하면 망설이지 말고 프로그램을 중단하거나 한동안 휴식을 취하고 예전처럼 편안하게 쉬어야 한다. 결국엔 쉴 때를 알아차리는 것도 목표 달성을 위한 중요한 부분이다.

5. 체지방 감소를 위한 웨이트 트레이닝

가장 대중적인 웨이트 트레이닝의 목표 가운데 하나는 전체적으로 몸매를 보다 날씬하게 가꾸는 일이다. 본 장에서는 날씬한 몸매를 가꾸기 위한 프로그램을 소개하고자 한다. 그러나 이에 앞서 날씬한 몸매 가꾸기를 위해 모든 프로그램에 영양공급이 무엇보다 중요하다는 것을 다시 한 번 강조하고자 한다. 헬스클럽에 찾아오는 많은 사람들과 마찬가지로, 독자들은 과거에 관습적으로 내려오는 체중 감소 식이요법을 시도했거나 현재 시도하고 있을 것이다. 만일 그렇다면 체지방 감소를

위한 본 프로그램과 대부분의 사람들이 시도하는 체중 감소 방법이 전혀 다르다는 것을 명심하기 바란다.

첫 번째 차이점은 체중 감소가 아니라 체지방 감소라는 용어를 사용한다는 것이다. 체지방 감소 프로그램을 시도하게 되면, 여러분은 불필요하게 축적된 체지방을 제거할 수 있기 때문에 보다 날씬한 몸매를 가꿀 수 있다. 관습적인 식이요법에 따라 몸매가 날씬해졌다면, 이것은 몸이 여위었기 때문이다. 관습적인 식이요법의 결과, 특히 단시일에 저울의 눈금으로 확인할 수 있는 식이요법의 결과, 몸의 탄력이 떨어지고, 여위고 수척해진다. 이러한 식이요법을 하게 되면 단백질, 탄수화물, 지방의 3대 필수 영양소가 심각하게 감소한다. 이런 식으로 굶을 경우 어떤 결과가 초래되는가? 저탄수화물 식이요법의 경우 최소 몸의 에너지가 감소하고 대개는 점차 탈수현상이 진행되어 필수 영양소가 고갈되고 근육 세포의 수분도 급격하게 감소한다. 건강을 유지하려는 사람에게 이러한 식이요법이 보다 치명적인 이유는, 감소했던 체중의 약 50%가 신체의 신진대사 기능이 떨어지고 근육이 감소한 결과라는 데에 있다.

보다 빠른 시일 안에 체중을 줄이기 위한 의식적인 식이요법은 체내의 균형 유지 체계에 신호를 보낸다. 이 과정에서 지방 저장 효소는 가능한 많은 지방을 저장하라는 신호를 받게 된다. 여러분이 허기진 배를 이기지 못하고 다시 음식물을 섭취할 때까지 이 지방 효소는 작업을 계속 수행하게 된다. 이것이 바로 널리 알려진 요요현상이다. 식이요법의 이와 같은 역효과로 오히려 건강이 심각하게 나빠지게 된다.

웨이트 트레이닝 프로그램으로 체지방을 감소하고자 하는 사람은 건강에 해를 주는 식이요법을 피해야 한다. 이유는 간단하다. 운동의 보조를 맞추기 위해 여러분은 영양분을 충분히 섭취해야 한다. 웨이트 트레이닝을 하게 되면, 여러분이 사용하는 에너지의 양이 증가한다. 에너지는 음식물로부터 얻는 신진대사의 결과물이기 때문에 여러분은 신진대사를 위해 보다 많은 칼로리를 지속적으로 섭취해야 한다. 웨이트 트레이닝 프로그램을 수행하는 중에는 음식물을 반드시 섭취해야 하며, 그렇지 않을 경우 여러분은 지방 감소를 비롯한 그 어떤 목표도 달성하지 못할 것이다.

지방 감소 프로그램을 시행하는 중에도, 즉각적인 결과를 얻으려는 것이 아니라 영양분의 공급에 균형을 꾀하려는 목적이라면 칼로리의 섭취를 일정 정도 감소할 수 있다. 여러분이 범할 수 있는 최악의 실수는 급하게 지방을 줄이려고 서두르다 칼로리 섭취를 지나치게 줄이게 된다는 데에 있다. 지방 감소는 수년 동안에 걸쳐 일어나는 일로 몇 주 몇 달의 노력으로는 결코 달성할 수 없다. 근육을 슈퍼-지방 연소기로 탈바꿈하기 위해서는 열심히 운동을 해야 한다. 이와 함께 소량의 식사를 여러 번 하게 되면 생체 항상성이 증가하여 결국엔 확실히 지방이 감소하게 된다. 중요한 것은 여러분이 원하는 부위가 날씬해진다는 것이다.

영양공급에 대한 지침은 세 가지 필수 영양소를 토대로 한다. 단백질이 먼저이다. 단백질은 근육 조직, 특히 본격적인 운동으로 손상을 입은 근육 조직을 복구하고 치료한다. 단백질의 분해산물인 아미노산은 에너지를 생산한다. 단백질 섭취가 충분하지 않으면 지금까지 애써 만들었던 근육에서 단백질이 빠져나가게 된다. 그러므로 여러분의 목표를 최대한 달성하기 위해서는 필요한 단백질의 양을 계산하는 것이 매우 중요하다.

필요한 단백질의 양을 계산한 후 탄수화물과 지방의 양을 계산한다. 탄수화물과 지방은 직접적인 에너지 공급원이다. 지방이 장기간에 걸쳐 에너지를 공급한다면 탄수화물은 필요한 에너지를 바로 공급한다. 여러분은 단백질을 흡수하고 단백질 대사에 일조하는 탄수화물을 충분히 섭취해야 한다.

지방은 다량의 산소가 있을 경우에만 운동 중에 에너지로 소모된다. 그러므로 유산소 운동은 지방 감소 프로그램의 필수 항목이다. 세트 사이에 1분도 채 쉬지 않고 반복을 많이 하는 유산소 리프팅을 하게 되면 지방 연소를 도모하는 산소가 혈액 안에 많이 흐르게 된다. 또한 체내에 지방 분해 효소 생산이 증가하여 그 결과 근육이 길어지고 지방이 감소한다. 몸이 좀더 건강해지면 운동의 강도를 높일 수 있다. 그 결과 더 많은 지방이 감소하게 된다.

지방 감소 프로그램에서는 유산소 웨이트 트레이닝이 우선이지만 그렇다고 무산소 운동을 소홀히 해서는 안 된다. 무산소 운동은 운동하지 않는 시간에 저장된 지방을 연소하게 함으로써 유산소 리프팅을 보다 완전하게 한다. 무산소 리프팅의 결과 증가한 근육 조직은 차례로 신진대사율을 극대화하고 강력한 지방 연소 성장 호르몬을 방출한다. 무산소 운동은 틀림없이 여러분의 근육의 비중을 높이고 지속적으로 지방을 연소하게 한다. 그러나 유산소 운동의 강도를 높이고 무산소 리프팅을 할 때에는 반드시 영양공급에 유념해야 한다. 여러분은 칼로리를 연소하고 신진대사를 활성케 하기 위해 근육을 키우고 있는 것이다. 음식물을 충분히 섭취하지 않으면 여러분의 근육 조직은 신진대사 과정에서 희생되고 말 것이다.

영양공급 측면을 고려하면 위의 지방 감소 프로그램 견본은 효과가 있을 것이다. 다음 <표 5-3>의 8주간의 집중 웨이트 트레이닝 프로그램에서는 매주 3일 동안 심장 혈관 운동을 하며 이틀 동안 기구를 사용한

표 5-3. 지방 감소 및 근육 만들기를 위한 지구력 증대 프로그램

일	운 동	세 트
1	스쿼트 또는 레그 프레스	3
	핵 스쿼트	2
	레그 컬	2
	레그 익스텐션	2
	런지	2
	카프 레이즈	2
	레그 레이즈	2
	크런치	2
2	체스트와 벤치 프레스	3
	숄더 또는 밀리터리 프레스	2
	시티드 롱 로우	2
	스티프 데드 리프트	2
	바이셉 컬	2
	트라이셉 프레스 또는 익스텐션	2
	레그 레이즈	2
	크런치	2

주	반복 횟수
1, 2	10 (매우 천천히)
	15 (전력을 다해)
3, 4	30 (적당한 속도로)
5, 6	15 (매우 천천히)
	20 (전력을 다해)
7, 8	40 (적당한 속도로)

다. 주말에는 운동을 쉬는 것이 좋다. 화요일과 목요일에 웨이트 트레이닝을 하고, 월요일과 수요일, 금요일에 50~60분 동안 심장 혈관 운동을 하라. 반드시 목표 구간 심장 박동을 유지하라.

6. 체중 증가를 위한 웨이트 트레이닝

체중 감소와 마찬가지로 체중 증가 역시 저울이 가리키는 눈금만으로는 설명하기 어렵다. 체중 증가는 체내의 지방 증가를 차단하면서 동시에 근육을 증가하는 것이 관건이다. 다시 한 번 말하지만 이 목표의 핵심은 적당한 영양공급에 있다.

칼로리 소비를 늘리는 데 있어서, 단순히 얼마나 많이 먹느냐와 언제 무엇을 먹느냐는 전적으로 다르다. 여러분은 지그재그 방법을 사용해야 한다. 즉, 운동 전에는 에너지를 저장하기 위해 탄수화물이 풍부한 음식을 섭취하고 운동 후에는 회복을 위해 단백질이 풍부한 음식을 섭취해야 한다.

대부분의 경우 3시간마다 30g 이상의 단백질을 흡수하는 것은 불가능하기 때문에, 단백질 섭취는 근육 무게당 0.9~1.0g을 유지하되 매끼 30g을 초과하지 않는다. 이와 더불어 탄수화물의 섭취량 역시 늘린다. 균형 잡힌 영양분 섭취를 위해 대략 40%의 단백질과 45%의 탄수화물, 15%의 지방 비율을 유지한다. 단백질 소비량은 체내 필요량에 따라 달라지며 이는 근육량에 의해 결정된다.

탄수화물과 지방의 소비 역시 여러분의 운동 방식에 따라 결정된다. 운동 및 운동에서 회복되는 거듭된 과정에서 근육의 증가와 함께 체중도 증가한다. 운동 중 정확한 시간에 휴식을 취하고 정확한 시간에 식사한다. 계획 없이 칼로리의 양을 늘리면 총체중은 증가할지 모르지만 순수하게 근육이 증가하는 것은 아니다. 놀랍게도 마구잡이로 최대 칼로리의 소비량을 늘리는 것보다 최소량의 칼로리만을 소비하고도 근육의 양을 늘릴 수 있다. 근육 증가와 관련하여서는 총 칼로리 소비량보다 칼로리 섭취시간이 보다 중요하다.

웨이트 트레이닝으로 근육을 키울 수 있는 방법에는 다음 두 가지 방법이 있다.

① 무거운 무산소 운동 기구
백근섬유를 사용하되 무게를 점차 늘려 나갈 것

② 유산소 운동 기구와 무산소 운동 기구
백근섬유와 적근을 사용할 것. 가장 빨리 근육을 키우는 방법임

여러분의 근육은 두 가지 유형의 근섬유로 이루어져 있다. 적근섬유는 지구력을 키우고 지방을 연소해 에너지를 만드는 데 사용되며, 이에 반해 백근섬유는 힘과 체력을 유지하는 데 중요한 역할을 하며 글리코겐과 지방을 이용해 에너지를 합성한다.

다음<표 5-4>는 백근섬유를 주로 사용하는 나흘간의 보디빌딩 프로그램 견본이다.

이 프로그램에 준비운동이 제시되지는 않았지만 필요에 따라 준비운동을 조절해야 한다. 반드시 준비운동을 생략하는 일이 없도록 한다. 가벼운 무게를 사용하여 목표 무게에 도달할 때까지 준비운동을 3~5세트 해준다. 준비운동을 마친 후, 목표 무게를 이용하여 전 세트를 연습하되 최대 무게의 65~85%를 유지한다.

표 5-4. 근육을 증가하여 체중 증가를 도모하는 4일간의 보디빌딩 프로그램

일	운 동	세 트
1	벤치 프레스	4
	인클라인 벤치 프레스	3
	디클라인 벤치 프레스	3
	쇼울더 프레스	3
	프렌치 프레스	3
	트라이셉 머신	3
	트라이셉 푸시다운	3
2	스쿼트	4
	레그 프레스	4
	핵 스쿼트	3
	레그 익스텐션	3
	레그 컬	3
	스탠딩 컬	4
	시티드 카프	3
	다음 운동 중 세 가지 선택:	
	바 컬	4
	바이셉 머신	4
	덤벨 컬	4
	콘센트레이션 컬	3
3	인클라인 벤치 프레스	4
	디클라인 벤치 프레스	4
	밀리터리 프레스 래터럴 레이즈	4
	리어 레이즈	3
	기타 두 가지 삼두근 운동	2
4	스티프 레그 데드 리프트	3
	벤트 로우	4
	원-암 덤벨 로우	3
	버티컬 또는 시트 로우	3
	바벨 슈럭	4
	랫풀 다운	4
	기타 두 가지 이두근 운동	2

주	반복 횟수
1~3	15
4~6	12
7~9	10
10~12	8

필자는 여러분을 위해 새로운 방식을 제시하고자 한다. 다음 <표 5-5>에 제시된 3주 프로그램을 따르면, 일주일에 이틀만 운동하고 매주 반복 횟수를 늘려 나가게 된다. 이 프로그램은 반복 횟수가 많은 유산소 운동 프로그램처럼 보이지만 실상은 무산소 웨이트 트레이닝 프로그램이다. 붉은 색, 중간, 흰색 근섬유를 사용하여 이 프로그램을 따르면 단 3주 만에 놀랄 정도로 근육이 증가하게 된다. 이 프로그램을 8~12주마다 반복해도 좋고, 무게를 늘리고 반복 횟수를 줄여도 무방하다. 이 표를 보면 무엇으로 시작해 무엇으로 끝낼지 알 수 있다. 한번 시도해 보라. 분명 결과에 놀라게 될 것이다.

리프팅을 할 때에는 천천히 시작해서 서서히 힘을 가속화하여 마칠 때에는 반드시 온 힘을 발산해야 한다. 이는 힘이 좋은 백근섬유로 둘러싸인 운동신경을 활성화하는 데 유용한 방법이다. 매 세트 반복 횟수를 나눈다. 반복 전반부에는 소극적 · 적극적 동작을 모두 사용하여 천천히 운동한다. 동심 동작과 편심 동작(적극적 동작과 소극적 동작)에는 대략 3.5초가 소요된다. 반복 후반부에는 편심(소극적) 동작과 동심(적극적) 동작을 조절한다. 항상 소극적 동작을 적절히 조절하고 적극적 동작을 최대한 늘려야 한다. 힘을 최대한 발산하는 동작을 시도할 때에는 탄도 동작이 되지 않도록 주의하라. 탄도 동작은 여러분이 웨이트의 무게를 지탱하지 못할 때 발생하게 된다. 탄도 동작은 웨이트를 들어올리다가 몸이 튄다거나 무게를 들어올렸는데 어느 방향으로 휘어져 나

표 5-5. 지구력 및 근육증대를 위한 2일 프로그램

일	운 동	세 트
1	스쿼트 또는 레그 프레스	3
	핵 스쿼트	2
	레그 컬	2
	레그 익스텐션	2
	런지	2
	카프 레이즈	2
	레그 레이즈	2
	크런치	2
2	체스트와 벤치 프레스	3
	숄울더 또는 밀리터리 프레스	2
	시티드 롱 로우	2
	스티프 데드 리프트	2
	바이셉 컬	2
	트라이셉 프레스 또는 익스텐션	2
	레그 레이즈	2
	크런치	2

주	반복 횟수
1	10 (매우 천천히, 3.5초)
	10 (전력을 다해)
2	10 (매우 천천히, 3.5초)
	10 (전력을 다해)
3	15 (매우 천천히, 3.5초)
	15 (전력을 다해)

* 3.5초간 매우 천천히 반복하라. 적당한 무게의 웨이트를 고르기 위해 두세 번 더 반복을 해보는 것이 좋다. 목표 이상의 반복을 할 수 없으면 웨이트의 무게가 너무 무거운 것이다. 4~5번을 더 반복할 수 있으면 웨이트 무게가 너무 가볍다는 것을 의미한다.

갈지 자신이 없는 경우를 일컫는다.

♣ 주의 사항

이 프로그램은 근육이 미세한 손상을 입을 수 있기 때문에, 3주 이상 지속하지 않는다. 일주일에 2~3일, 하루에 총 열두 번 복부운동을 하라. 전 세트에 걸쳐 최대 무게의 65%를 사용하라. 그리고 항상 준비운동을 하라.

(1) 체중 증가를 위한 제언

① 체중 감소 프로그램만큼은 아니더라도 체중 증가 프로그램에서도 지방 섭취 조절이 중요하다.

② 체중 증가 프로그램에는 대개 좀더 격렬한 운동이 수반된다. 에너지를 내기 위해 지방 섭취가 많기 때문이다.

③ 지방 섭취를 늘리기 위해서라면 마가린, 땅콩버터, 치즈 등 저지방 콜레스테롤을 메뉴에 첨가해도 좋다.

④ 하루에 다섯 끼(아침 두 번, 점심 두 번, 저녁)를 선택하라. 운동 전후로 간식을 마음껏 먹을 수 있다.

⑤ 간식의 영양 가치를 높이기 위해 분말형 영양보충 식품을 음료에 넣어 마셔도 좋다.

⑥ 운동 전 식사로는 복합 탄수화물을 많이 섭취한다.

⑦ 운동 후 식사로는 단백질을 많이 섭취한다(25~30g).

⑧ 체중 증가를 위한 총 칼로리 섭취는 개개인의 근육량에 따라 달라지되 5,000칼로리를 초과해서는 안 된다. 지방 섭취 역시 45g으로 제한한다.

(2) 체중 감소를 위한 제언

① 운동과 더불어 식사를 자주 하여 체온을 높인다. 식사는 하루에 5~6번 소량을 먹는다. 그 결과 체온이 상승하게 되는데, 이를 체내의

생리작용에 의한 열발생(thermogenesis)이라고 일컫는다.

② 저항 운동으로 근육을 키운다. 근육이 증가할수록 지방이 감소하고 더욱 많은 칼로리가 연소하게 된다.

③ 굶거나 금식을 하는 등 먹지 않는 식이요법을 피한다. 굶게 되면 오히려 지방 세포가 지방을 저장하게 되어 칼로리 연소 기능이 저하된다.

④ 체내의 지방을 감소시키려면 먹어야 한다. 사람들의 생각과 달리, 칼로리를 충분히 섭취하지 않으면 신진대사가 저하되어 지방 감소가 보다 어렵게 된다.

●•• 쉬어 갑시다!

비 만

지방이 인체에 지나치게 침착되거나 지방조직이 정상인에 비해 많은 상태를 말하며, 체지방률이 남성은 25% 이상, 여성은 30% 이상인 경우를 말한다.

〈비만 자가 진단표〉

	예	아니오
배꼽 옆의 지방이 2cm 이상 잡힌다.		
체중이 신장에서 100을 뺀 숫자보다 많다.		
일어설 때 다리가 아플 때가 있다.		
오랫동안 서 있으면 괴롭다.		
부스럼이 잘 난다.		
자주 몸이 나른해진다.		
계단을 올라가면 숨이 차다.		
자주 조는 버릇이 있다.		
수축기 혈압이 140이상, 확장기 혈압이 90이상이다.		
밤에 크게 코를 고는 버릇이 있다.		
합 계		

- '예'의 수가 0인 사람: 비만을 걱정할 필요 없다.
- '예'의 수가 1인 사람: 아직은 괜찮지만 더 이상 살찌지 않도록 조심해야 한다.
- '예'의 수가 2~3인 사람: 비만의 징조가 있다. 검사를 받는 것이 좋다.
- '예'의 수가 4이상인 사람: 치료를 받을 필요가 있다.

〈식생활, 운동, 스트레스 진단표〉

부적절한 식생활, 운동부족, 지나친 스트레스야말로 성인병을 일으키는 3대 요인 중 하나이다. 각 문항 예문 가운데 한 가지를 선택하여, 모든 점수를 합쳐서 종합점수를 준 다음 평가표를 찾아보자. 1은 1점, 2는 2점, 3은 3점이다.

Part-1 식생활

1. 당신의 하루 식사 습관은?

① 불규칙적이다. ② 아침식사를 자주 거른다. ③ 규칙적이다.

2. 당신의 외식횟수는?

① 일주일에 4회 이상 ② 1주일에 2~3회 정도 ③ 거의 하지 않는다.

3. 지방질이 포함된 음식은 어느 정도 먹는가?

① 자주 먹는다. ② 1주일에 2~3회 정도 ③ 거의 먹지 않는다.

4. 염분 섭취량은 어느 정도인가?

① 짜게 먹는 편이다. ② 적당히 섭취한다. ③ 거의 먹지 않는다.

5. 당분 섭취량은 어느 정도인가?

① 많이 먹는 편이다. ② 보통이다. ③ 거의 사용하지 않는다.

6. 인스턴트 식품의 섭취량은 어느 정도인가?

① 자주 먹는 편이다. ② 보통으로 먹는다. ③ 거의 먹지 않는다.

7. 과일이나 야채는 어느 정도 마시는가?

① 자주 먹는 편이다. ② 보통으로 먹는다. ③ 거의 먹지 않는다.

8. 커피나 홍차는 어느 정도로 마시는가?

① 하루 7~8잔 정도는 보통이다. ② 하루 3~4잔 마시는 편이다.
③ 하루 1~2잔 정도 마시는 편이다.

9. 당신의 주량은 어느 정도(소주 기준)인가?

① 2홉(1병) 이상 ② 2홉(1병) 이하 ③ 거의 먹지 않는다.

10. 1일 흡연량은?

① 한 갑 이상 피운다. ② 한 갑 이하 피운다. ③ 피우지 않는다.

Part-2. 운동

1. 당신의 보행 속도는?

① 느린 편이다. ② 보통이다. ③ 빠른 편이다.

2. 당신은 휴일을 어떻게 보내는가?

① TV를 보거나 누워서 지낸다. ② 산책이나 쇼핑을 위해 외출한다.

③ 등산, 테니스 등 운동을 한다.

3. 당신의 직업은?

① 책상 앞에 앉아서 하는 정신노동이다. ② 앉거나 서서 하는 노동을 필요로 한다.

③ 심한 육체적 노동을 필요로 한다.

4. 당신은 출퇴근 때 무엇을 이용하나?

① 자가용이나 택시를 이용한다. ② 버스나 전철 등 대중교통수단을 이용한다.

③ 걸어서 다닌다.

5. 당신의 운동량은 어느 정도인가?

① 거의 하지 않는다. ② 월 3~4회 정도 한다. ③ 주 3~4회 정도 한다.

6. 당신의 1회 운동시간은?

① 10분 이하 ② 10~20분 ③ 20~60분

7. 계단을 오르내릴 때 당신의 몸은 어떠한가?

① 몹시 숨이 차다. ② 발걸음이 무겁다. ③ 전혀 피로를 느끼지 않는다.

8. 등산, 낚시 등을 하고 난 후 당신의 피로도는?

① 다음날까지 계속된다. ② 운동량에 따라 다르다. ③ 전혀 피로하지 않다.

9. 휴식하고 있을 때 분당 심장 박동수는?

① 80회 이상 ② 60~80회 정도 ③ 60회 이하

10. 운동할 때 심폐지구력, 근력, 유연성 등의 고려는?

① 전혀 하지 않는다. ② 일부만 한다. ③ 모두 고려한다.

Part-3. 스트레스

1. 평소의 기분은 어떤 상태인가?

① 우울하고 불만스럽다. ② 가끔 우울할 때가 있다. ③ 언제나 즐거운 기분이다.

2. 어떤 일이 자기 뜻대로 되지 않았을 때는?

① 금방화가 치민다. ② 때로 화를 내는 편이다. ③ 침착하게 대처한다.

3. 평소 대화태도는?

① 공격적이거나 상대방을 끝까지 설득시키려 든다. ② 입장을 분명히 밝힌다.
③ 상대방 이야기를 끝까지 듣는다.

4. 장래에 대한 생각은?

① 매우 불안하다. ② 약간 불안하다. ③ 전혀 불안하지 않다.

5. 당신에게 일이 맡겨졌을 때는?

① 가능하면 빨리 끝낸다. ② 적당히 끝낸다. ③ 시간이 걸려도 신중히 처리한다.

6. 당신은 시간에 쫓겨 사는 편인가?

① 가끔 그러는 편이다. ② 항상 쫓기며 산다. ③ 항상 시간이 남아돈다.

7. 상대방이 약속시간에 늦을 때?

① 화를 벌컥 낸다. ② 늦은 이유를 묻는다. ③ 별로 신경 쓰지 않는다

8. 당신의 휴식시간은 어느정도 인가?

① 시간이 없다. ② 약간 있다. ③ 충분히 쉬고 있다.

9. 당신은 취미생활을 하고 있는가?

① 취미생활에 관심 없다. ② 지금부터라도 할 생각이다.
③ 취미생활을 하고 있다.

[결과진단표]

- 29~50점: 당신의 몸매는 엉망진창이다. 지금 당장 생활태도를 바꿔라.
- 51~71점: 더 적극적인 생활태도가 필요하다. 이대로는 비만증의 가능성이 있다.
- 71~87점: 매우 모범적인 생활태도이다. 계속 유지하도록.

참고문헌

구성회 외, 『공중보건학』, 고문사, 1989.

김건수, 『생활보건학』, 현문사, 1998.

김경렬, 「한국사회체육 발전방향 연구」, 고려대학교 대학원 박사학위논문, 2000.

김경빈 · 한광수 · 이정국 · 이민규 · 김유광 · 김철규, 「한국형 알콜중독 선별검사 제작을 위한 예비연구(Ⅲ)」, 『신경정신의학』, 제30권 3호.

김기윤, 「제주도민의 윈드서핑 활동실태에 관한 연구」, 제주대학교 교육대학원 석사학위논문, 2000.

김덕천, 「지방자치단체의 특성화에 따른 여가스포츠 정책 모형」, 고려대학교 대학원 박사학위논문, 1999.

김동석, 『공중보건학』, 수문사, 1998.

김민석 · 이천희, 「주 5일 근무제에 따른 여가의 전망과 대책」, 한국여가레크리에이션학회, 2001.

김민석, 「직장인의 여가스포츠활동 참가에 따른 음주행동」, 고려대학교 석사학위논문, 2002.

김연옥, 『기후학개론』, 정익사, 1984.

민성길, 『최신 정신의학』, 일조각, 1990.

백원칠 외, 『공중보건학』, 교학연구사, 2004.

선창근 · 모은경, 『현대인의 식생활과 비만』, 효일, 2000.

양제모, 『보건학』, 계축문화사, 2005.

양제모 외, 『공중보건학 강의』, 수문사, 1986.

오근희, 「대학생의 사회와 요인에 따른 레저 스포츠 참여」, 고려대학교 대학원 석사학위논문, 2000.

이기봉, 「레저스포츠활동 참여와 생활 만족도」, 한국교원대학교 대학원 석사학위논문, 1997.

이기영, 「레저스포츠 참여와 스트레스에 관한 연구」, 단국대학교 대학원 석사학위논문, 1998.
임번장, 『사회체육개론』, 동화문화사, 1994.
정문식 외, 『환경위생학』, 신광출판사, 1988.
환경처, 『환경백서』, 1992.
삼성경제연구소(http://www.seri.org)
전국민주노동조합총연맹(http://www.nodong.org)